lonely planet

# İSTANBUL

## EN QUELQUES JOURS



VIRGINIA MAXWELL

# Sommaire

## Préparer son séjour 4



Palais de Topkapı (p. 42)
ALEKSANDARGEORGIEV/GETTY IMAGES ©

## Explorer İstanbul 35



## Vaut le détour



### Avertissement

Au moment où nous terminions l'édition de ce guide, la pandémie de Covid-19 impactait fortement le monde du voyage. Les informations que vous trouverez dans cet ouvrage sont donc susceptibles de changements.

Renseignez-vous bien avant votre départ car la situation aura probablement évolué quand vous préparerez votre voyage.

## Carnet pratique 173



## Coups de projecteur

# Bienvenue à İstanbul

İstanbul n'a pas fini de vous surprendre. Cette ville où les derviches dansent en tournoyant, où les muezzins se livrent à de véritables joutes verbales et où l'on passe de l'Europe à l'Asie plusieurs fois par jour semble traversée par une énergie débordante. Monuments millénaires, musées débordant de trésors, bazars effervescents et galeries d'art avant-gardistes constellent la ville, qui fut le fief des empereurs byzantins, des sultans ottomans et des présidents de la République. İstanbul est, à n'en pas douter, le plus fabuleux joyau de la Turquie.

Mosquée de Soliman (p. 74) vue depuis la Corne d'Or (p. 97)

GIVAGA/GETTY IMAGES

# Les incontournables

EMAD ALJUMAH/GETTY IMAGES ©

## Sainte-Sophie

Le plus prestigieux de tous les édifices byzantins. **p. 38**

MEHMET KALKAN/GETTY IMAGES ©

## Palais de Topkapı

Un opulent palais ottoman composé de plusieurs pavillons. **p. 42**

## Grand Bazar

Un marché couvert historique et évocateur. **p. 70**

KOSTAS PAVLIS/GETTY IMAGES ©

## Mosquée de Soliman le Magnifique

La plus belle création de l'éminent monarque turc. **p. 74**

## Mosquée bleue

L'édifice le plus emblématique de la ville. **p. 46**

## Marché aux Épices

Un marché effervescent datant de l'époque ottomane. **p. 76**

## İstiklal Caddesi

Un majestueux boulevard du XIXe siècle. **p. 116**

## Musée de Péra

Une collection d'art orientaliste d'envergure internationale. **p. 118**

## Saint-Sauveur-in-Chora

De sublimes mosaïques byzantines. **p. 98**

## Palais de Dolmabahçe

Un palais impérial ottoman somptueusement meublé. **p. 150**

## Palais de Beylerbeyi

Un refuge pour les sultans, sur les rives du Bosphore. **p. 152**

# Cuisine

*À İstanbul, les repas sont de véritables célébrations, rendues inoubliables par l'utilisation d'ingrédients frais et de saison, et par l'expertise avec laquelle sont grillés viandes et poissons – dans le respect d'une longue tradition. Il y en a pour tous les budgets, tous les goûts, toutes les occasions. Une chose est sûre : vous finirez un repas toujours repu et satisfait !*

## Restaurants traditionnels

Les Stambouliotes déjeunent souvent à l'extérieur, dans des *lokanta* (établissements bon marché servant des plats préparés), des *pideci* (pizzerias turques), des *kebapçı* (servant des kebabs) ou des *köfteci* (spécialisés dans les boulettes). Le soir, ils se ruent dans une *meyhane* (taverne). Le poisson frais est l'apanage des *balık restoran* (restaurants de poisson) ; les grillades sont au menu des *ocakbaşı* (restaurants de kebabs où la viande est cuite au charbon de bois).

## Cuisine contemporaine

On trouve de plus en plus de restaurants de cuisine turque moderne. Leurs chefs puisent leur inspiration dans les traditions régionales, tout en intégrant des influences de différents pays européens.

## Cuisine de rue

Des vendeurs de rue poussent des chariots débordant d'en-cas. Repérez les *simit* (pains ronds saupoudrés de graines de sésame), les *mısır* (épis de maïs), les *kestane* (châtaignes) et les *midye dolma* (moules farcies), ainsi que les *balık ekmek* (sandwichs au poisson).

## Kebabs

**Antiochia** Le meilleur *şiş* et (agneau grillé) en ville. (p. 128)

**Zübeyir Ocakbaşı** Savoureuses grillades au charbon de bois. (p. 129)

**Hamdi Restaurant** Excellente viande et point de vue panoramique. (p. 87)

ALEXANDER SPATARI/GETTY IMAGES ©

## Meyhane

**Mükellef** Savoureux mezze dans un cadre branché. (p. 130)

**Eleos** Délices grecs ultra-frais. (p. 131)

**Karaköy Lokantası** Cadre élégant, ambiance animée et excellents mezze. (p. 130)

## Cuisine régionale

**Çiya Sofrası** Plats du Sud-Est. (p. 171)

**Hayvore** Délicieux mets de la mer Noire. (p. 128)

**Karaköy Güllüoğlu** Une institution réputée pour ses baklavas façon Gaziantep. (p. 130)

**Siirt Şeref Büryan Kebap** Agneau de Siirt (ville du Sud-Est), cuit à petit feu. (p. 89)

## Cuisine gastronomique

**Mürver** Cuisine méditerranéenne moderne et point de vue imprenable. (p. 129)

**Neolokal** Cuisine moderne raffinée dans un environnement très chic. (p. 130)

**Kıyı** Restaurant de poisson de grande qualité sur les rives du Bosphore. (p. 162)

## Cuisine de café

**Cuma** Menu évoluant au fil des saisons et cadre soigné mais décontracté. (p. 131)

**Cafe Privato** Le meilleur petit-déjeuner de village de la ville. (p. 131)

**Apartıman** Une décoration chic et contemporaine pour une cuisine aux influences françaises. (p. 163)

**CookLife** Bon choix pour des spécialités de café internationales. (p. 110)

### À savoir

- Les restaurants réputés sont pris d'assaut les jeudis, vendredis et samedis soir. Réservez.
- Sauf mention contraire, les restaurants indiqués dans ce guide servent de l'alcool.

# Prendre un verre et faire la fête

*Après leur journée de travail, les Stambouliotes adorent se rendre dans un bar à la mode, un café convivial ou un* çay bahçesi *(jardin de thé) pittoresque pour retrouver des amis et décider d'un lieu où poursuivre la soirée parmi les nombreux clubs et salles de concert de la ville.*

## Alcools

L'alcool préféré des Turcs est le rakı, une eau-de-vie à base de raisin, aromatisée à l'anis. Il se boit pur ou avec de l'eau, ce qui lui donne une couleur blanchâtre.

Le *şarap* (vin) local est bon mais onéreux. Le vin rouge se dit *kırmızı şarap* et le vin blanc, *beyaz şarap*. Parmi les cépages locaux citons le *boğazkere* et le *buzbağ* (rouges corsés), l'*emir* (blanc léger et fleuri), le *kalecik karası* (rouge élégant) et le *narince* (blanc sec et fruité).

Populaires et brassées localement, les bières Bomonti sont des bières artisanales de la Bosphorus Brewing Company et de la Torch Brewery.

## Thé et café

Siroter un *çay* est un passe-temps national. Le thé turc ne se prend qu'avec du sucre – bien utile pour contrer les effets d'une longue infusion, même si vous pouvez toujours demander le vôtre *açık* (moins fort).

Épais et corsé, le *türk kahve* se choisit *çok şekerli* (très sucré), *orta şekerli* (moyennement sucré), *az şekerli* (légèrement sucré) et *şekersiz* ou *sade* (sans sucre).

## Clubs

La plupart des clubs sont installés à Beyoğlu et Kadıköy. Les étudiants se rassemblent dans la rue Kadife Sokak (également appelée Barlar ou Bar Sokak) de Kadıköy, qui est bordée de bars et de salles de spectacle.

MATYAS REHAK/ALAMY STOCK PHOTO ©

## Bars et cafés sur les toits

**A'YA Rooftop Lounge** Bar d'hôtel haut de gamme. (p. 63)

**Leb-i Derya** Sur un toit-terrasse, à Beyoğlu. (p. 140)

**Mikla** Cadre et style exceptionnels. (p. 137)

**Mimar Sinan Teras Cafe** Repère d'étudiants près de l'Université d'İstanbul. (p. 91)

## Bars de quartier

**Geyik** Les meilleurs cocktails de la ville. (p. 137)

**Markus Tavern** Rendez-vous des hipsters près d'İstiklal. (p. 138)

**NOH Radio Pub** Entre une station de radio et un pub. (p. 146)

**Solera** Vaste choix de vins au verre ou à la bouteille. (p. 138)

## Pour un café turc

**Coffee Department** Un magasin à Balat. (p. 113)

**Coffee Sapiens** Café artisanal à Karaköy. (p. 138)

**Kronotrop** Café ultra-branché à Cihangir. (p. 139)

**Old Java** Le meilleur expresso de Galata. (p. 141)

**Fazıl Bey** Une instution de Kadıköy pour le *Türk kahve*. (p. 171)

### Vaut le détour

Ancienne brasserie de Bomonti, près de Beyoğlu, **Bomontiada** abrite deux lieux de divertissement populaires : la salle de concert **Babylon Bomonti** (☎0212-334 0190 ; www.babylon.com.tr ; Tarihi Bomonti Bira Fabrikası, Birahane Sokak 1 ; ⊙mar-sam ; M Osman-bey) et le bar-brasserie **Populist** (☎0212-296 2034 ; www.thepopulist.com.tr ; Tarihi Bomonti Bira Fabrikası, Birahane Sokak 1-D ; ⊙12h-minuit dim-jeu, 12h-2h ven-sam ; M Osmanbey).

# Shopping

DIGIPUB/GETTY IMAGES ©

*Au fil des siècles, les Stambouliotes sont passés maîtres dans l'art du shopping, et la plupart des visiteurs ne manquent pas de leur emboîter le pas. Bazars historiques, marchés pittoresques en plein air et centres commerciaux modernes de plus en plus nombreux sauront satisfaire toutes vos envies et rendront votre quête de souvenirs facile et agréable.*

## Articles de toilette

Serviettes de bain, *peştemal* (draps de bain) et peignoirs fabriqués sur des métiers à tisser au sud du pays figurent parmi les achats prisés, comme les savons à l'huile d'olive et les bols pour hammam.

## Tapis et kilims

L'industrie du tapis compte quantité d'articles médiocres. En outre, les intermédiaires sont nombreux à vouloir prélever une commission. Soyez prudent dans vos transactions !

## Textiles

Le sud-est du pays est réputé pour ses tissus, qu'on trouve au Grand Bazar, ainsi que des pashminas *shahtoosh* (gare aux imitations bon marché), et des tissus ornementaux d'Asie centrale.

## Céramiques

Bon nombre des articles en céramique sont sérigraphiés, d'où leurs petits prix. Les pièces peintes à la main sont plus onéreuses.

## Loukoums

S'ils constituent un cadeau parfait à ramener à des proches, les loukoums (confiseries orientales) sont encore meilleurs sur place. Ils sont vendus dans des boutiques spécialisées partout en ville et se déclinent en différents parfums tels que *cevizli* (noix), *fıstıklı* (pistache), *bademli* (amande) et *roze* (eau de rose). Pour goûter plusieurs saveurs, demandez un *çeşitli* (assortiment).

FRANTICOO/GETTY IMAGES ©

## Articles de toilette

**ATA Textiles** Peignoirs de plage colorés en coton tissé. (p. 67)

**Derviş** Savons, serviettes et draps de bain. (p. 94)

**Eyüp Sabri Tuncer** Eaux de Cologne, savons et laits corporels à prix juste. (p. 145)

**Jennifer's Hamam** Serviettes de toilette, peignoirs et draps de bain réalisés sur des métiers à tisser traditionnels. (p. 66)

**Olive Farm** Cosmétiques et produits de toilette fabriqués à la ferme. (p. 167)

## Articles pour la maison

**Hiç** Tapis, coussins, meubles et céramiques confectionnés par des artisans. (p. 146)

**Özlem Tuna** Bols, tasses à café et plats raffinés. (p. 144)

**3rd Culture** Meubles, lampes, textiles et photographies inspirés de divers lieux de la planète. (p. 144)

## Textiles

**Mehmet Çetinkaya Gallery** Textiles et tapis dignes d'être exposés dans un musée, et vêtements sublimes. (p. 66)

**Mekhann** Soie tissée à la main et châles finement tissés. (p. 92)

**Yazmacı Necdet Danış** Rouleaux de tissus richement colorés. (p. 94)

## Loukoums

**Ali Muhıddin Hacı Bekir** Entreprise familiale établie ici depuis plus de deux siècles. (p. 94)

**Altan Şekerleme** Loukoums délicieux et bon marché depuis 1865. (p. 94)

# Architecture

BLAINE HARRINGTON III/GETTY IMAGES ©

*Le patrimoine architectural d'İstanbul est extrêmement riche : les Stambouliotes vivent entourés de remparts datant des empereurs byzantins, prient dans des mosquées ottomanes et occupent de superbes immeubles du XIX^e siècle.*

## Architecture byzantine

İstanbul fut chrétienne durant 1 123 ans. Après la Conquête, de nombreuses églises, reconnaissables à leurs briques rouges caractéristiques de l'architecture religieuse byzantine, furent transformées en mosquées. Remparts, aqueducs, citernes et places publiques datent aussi de cette période.

## Architecture ottomane

Les sultans ottomans firent ériger mosquées, palais, hammams, medersa et *yalı* (demeures en bois au bord du Bosphore). Les plus beaux édifices furent commandés par Soliman le Magnifique et dessinés par Mimar Sinan. Les sultans suivants privilégièrent les palais de style baroque turc, aux opulentes ornementations extérieures et à la décoration intérieure ostentatoire.

## Renouveau ottoman et modernisme

À la fin du XIX^e siècle, le Renouveau ottoman ou première architecture nationale, associa architecture européenne et baroque turc, avec quelques concessions au style ottoman classique.

## Édifices byzantins

**Sainte-Sophie** Un monument grandiose, à l'intérieur de toute beauté. (p. 38 ; photo ci-contre)

**Citerne-Basilique** Prouesse architecturale. (p. 48)

**Rumeli Hisarı** Immense édifice sur les rives du Bosphore. (p. 160)

SIEGFRIED LAYDA/GETTY IMAGES ©

## Édifices ottomans

**Palais de Topkapı** Des pavillons dans des jardins paysagers. (p. 42 ; photo à gauche)

**Mosquée de Soliman le Magnifique** La plus belle des mosquées impériales de la ville. (p. 74)

**Mosquée bleue** Une profusion de minarets et de dômes. (p. 46)

## Édifices baroques

**Palais de Dolmabahçe** Extérieur imposant et décoration très opulente. (p. 150)

**Palais de Beylerbeyi** Sur la rive asiatique du Bosphore. (p. 152)

**Küçüksu Kasrı** Un kiosque impérial richement orné. (p. 162)

## Centres d'art contemporain

**ARTER** Un galerie conçue pour l'art contemporain. (p. 111)

**Musée de la Marine d'İstanbul** Élégante salle d'exposition habillée de cuivre. (p. 160)

**SALT Galata** Ancienne banque transformée en centre culturel. (p. 125)

**Musée Sakıp Sabancı** Au bord du Bosphore, une demeure ancienne rehaussée d'ajouts modernes. (p. 161)

## Circuits architecturaux

**İstanbul Walks** (☎ 0554 335 6622, 0212-516 6300 ; istanbulwalks.com ; 1er ét., Şifa Hamamı Sokak 1, Küçük Ayasofya ; circuits 35-140 €; 🚋 Sultanahmet), une agence tenue par des passionnés d'histoire et d'architecture, organise des circuits (en anglais) à la découverte de l'architecture de la ville. Départs quotidiens.

# Musées et galeries

*İstanbul a toujours été une terre d'art et de culture. À l'époque byzantine, les empereurs firent venir des objets précieux de tout l'Empire. Les sultans ottomans, qui poursuivirent la tradition, amassèrent de fabuleux trésors. De nos jours, les grandes banques et les dynasties industrielles du pays rivalisent pour fonder des centres culturels.*

## Museum Pass İstanbul

Valable 120 heures (5 jours) après la première entrée dans un musée participant, le **Museum Pass İstanbul** (www.muze.gov.tr/MuseumPass, 220 ₺) donne accès au palais de Topkapı et à son harem, à Sainte-Sophie, à Sainte-Irène, aux Musées archéologiques d'İstanbul, au musée des Arts turcs et islamiques, au musée des Mosaïques du Grand Palais, à Saint-Sauveur-in-Chora (Kariye Müzesi), au musée Mevlevi de Galata, au musée Fethiye, à la Rumeli Hisarı et au musée de l'Histoire des sciences et des technologies dans l'Islam. Il permet parfois d'éviter la queue à la billetterie.

Vous pourrez aussi bénéficier de réductions dans des musées privés, dont le musée de Péra et le musée Rahmi M. Koç.

Ce forfait est en vente dans certains hôtels, ainsi qu'aux billetteries de tous les sites auxquels il donne accès.

## Planifier vos visites

Jours de fermeture des principaux sites :

**Lundi** Musée du Tapis, musée des Arts turcs et islamiques (octobre à mars seulement), Musées archéologiques d'İstanbul, musée de l'Innocence, İstanbul Modern, musée de Péra, palais de Dolmabahçe, musée de la Peinture des Palais nationaux et musée Sakıp Sabancı

**Mardi** Palais de Topkapı (dont harem et Aya İrini)

**Vendredi** Mosquée bleue (matin jusqu'au milieu d'après-midi), musée juif de Turquie (après-midi)

**Samedi** Musée juif de Turquie

**Dimanche** Grand Bazar

CZGUR/GETTY IMAGES ©

## Musées

**Musées archéologiques d'İstanbul** Antiquités, statues classiques, céramiques ottomanes... (p. 54 ; photo)

**Musée des Arts turcs et islamiques** Merveilleuse collection de tapis turcs. (p. 54)

**Musée des mosaïques du Grand Palais** Superbe pavement en mosaïque. (p. 124)

**Musée de l'Innocence** Musée nostalgique et conceptuel de l'écrivain Orhan Pamuk. (p. 124)

**Musée du Tapis** Des tapis d'Anatolie. (p. 56)

**Musée juif de Turquie** Une collection interactive, axée sur la langue et la culture. (p. 124)

## Galeries d'art

**Musée de Péra** Peintures orientalistes et expositions temporaires. (p. 118)

**İstanbul Modern** Éminents peintres turcs du XXe siècle et artistes internationaux de renom. (p. 124)

**Musée Sakıp Sabancı** Expositions temporaires internationales. (p. 161)

**Musée de la Peinture des Palais nationaux** Peintures de la collection du palais de Dolmabahçe. (p. 160)

### Vaut le détour

Inauguré en 2019, **ARTER** (☎0212-708 5800 ; www.arter.org.tr ; Irmak Caddesi 13, Dolapdere ; tarif plein/enfant et étudiant 25/15 ₺, gratuit jeu ; 🕒11h-19h mar-dim, 11h-20h jeu, horaires étendus 1er sam du mois ; 🚌54KT depuis Taksim) abrite la collection d'art contemporain de la Fondation Koç – l'une des plus impressionnantes de Turquie. À 1 km au nord-ouest de la place Taksim. Des bus gratuits circulent entre la station de métro Taksim et le musée de Péra à Tepebaşı.

# Hammams

*Succomber à un gommage savonneux dans les vapeurs d'un hammam est l'une des expériences incontournables d'İstanbul. Si vous ne souhaitez pas vous dénuder en public, plusieurs spas offrent des soins en hammam privé.*

SABINO/500PX ©

## Mode d'emploi

À l'entrée, on vous indiquera une cabine pour vous déshabiller et vous couvrir d'un *peştemal* (drap de bain, fourni). La plupart des femmes gardent un bas de maillot de bain ou une culotte, mais vous pourrez être entièrement nue une fois dans la *hararet* (salle de vapeur). En général, les hommes portent uniquement un *peştemal* (et ne l'ôtent jamais). Une séance de bain turc traditionnel implique de s'allonger sur la *göbektaşı* (plateforme centrale surélevée) et de se faire laver, gommer et masser par un/e employé(e). Vous pourrez aussi vous chouchouter vous-même (tarif un peu inférieur). On passe en moyenne une heure au hammam ; le pourboire n'est pas obligatoire.

## Hammams

**Ayasofya Hürrem Sultan Hamamı**
(☎0212-517 3535 ; www.ayasofyahamami.com ; Aya Sofya Meydanı 2 ; soins bains 55-160 €, massages 40-75 € ; 🕑8h-22h ; 🚊Sultanahmet). Deux hammams jumeaux (un pour les hommes, un pour les femmes) du XVI^e^ siècle, méticuleusement restaurés.

**Kılıç Ali Paşa Hamamı**
(☎0212-393 8010 ; www.kilicalipasahamami.com ; Hamam Sokak 1, près de Kemeraltı Caddesi, Tophane ; rituel de hammam traditionnel 310 ₺ ; 🕑femmes 8h15-16h, hommes 16h45-23h30 ; 🚊Tophane). Hammam du XVI^e^ siècle à l'intérieur époustouflant.

**Çukurcuma Hamamı**
(☎0212-243 6480 ; www.cukurcumahamami.com ; Çukurcuma Caddesi 43, Çukurcuma ; soins bains 310-660 ₺, massages 250-320 ₺ ; 🕑8h30-22h ; 🚊Tophane). Hammam mixte du XIX^e^ siècle.

IZZET KERIBAR/GETTYIMAGES ©

**Four Seasons Istanbul at the Bosphorus** (0212-381 4000 ; www.fourseasons.com/bosphorus ; Çırağan Caddesi 28, Beşiktaş ; hammam 30/45/60 min 125/155/185 € ; 9h-21h ; 22, 22B, 25E depuis Kabataş, Beşiktaş). Luxueux spa doté d'un hammam en marbre pour les soins privés.

**Çemberlitaş Hamamı** (0212-522 7974 ; www.cemberlitashamami.com ; Vezir Han Caddesi 8, Çemberlitaş ; entrée seule 160 ₺, bain, gommage et massage au savon 255 ₺ ; hommes 6h-minuit, femmes 7h30-minuit ; Çemberlitaş). Hammams jumeaux construits en 1584 ; une bonne option pour ceux qui souhaitent faire leurs soins eux-mêmes.

**Cağaloğlu Hamamı** (0212-522 2424 ; www.cagalogluhamami.com.tr ; Prof Kazım İsmail Gürkan Caddesi 24, Cağaloğlu ; forfait bain 50-180 €, entrée seule 30 € ; 9h-22h lun-ven, 9h-23h sam-dim ; Sultanahmet). Sublimes hammams jumeaux du XVIe siècle. (photo en haut et à gauche.)

**Ambassador Spa** (0212-512 0002 ; www.hotelambassador.com ; Ambassador Hotel, Ticarethane Sokak 3, Alemdar ; soins bains 30-60 €, massages 25-90 € ; 12h-20h ; Sultanahmet). Cadre quelconque et rudimentaire mais les soins, à prix abordables, comptent parmi les meilleurs de la ville.

**Mihrimah Sultan Hamamı** (0212-523 0487 ; www.mihrimahsultanhamami.com ; Fevzi Paşa Caddesi 333, Edirnekapı ; bain 40 ₺, avec gommage et massage 70 ₺ ; hommes 7h-23h, femmes 9h-20h ; 28, 31, 37, 336 depuis Eminönü, 87 depuis Taksim, Ayvansaray). Hammam authentique proposant des soins bon marché.

# İstanbul gratuit

*Les voyageurs qui affluaient à İstanbul dans les années 1960 et 1970 verraient leur maigre budget exploser aujourd'hui. Cela dit, les merveilleux tombeaux, mosquées, églises, marchés et parcs peuvent être visités sans débourser un sou. Beaucoup des excellents musées et centres culturels de la ville sont également gratuits.*

AIVITA/GETTY IMAGES ©

## Sites byzantins

**Citerne Şerefiye** Une citerne à colonnes datant du règne de l'empereur Théodose. (p. 83)

**Petite Sainte-Sophie** L'un des plus beaux édifices byzantins de la ville. (p. 55)

## Sites ottomans

**Tombeau de la sultane Hatice Turhan Validé** *Türbe* (tombeau) du XVIIe siècle orné de céramiques d'İznik et de marqueterie. (p. 82)

**Musée de la Culture du bain turc** Hammam impérial du XVIe siècle abritant des expositions sur les bains turcs traditionnels. (p. 83)

**Hünkâr Kasrı** Pavillon surélevé rattaché à la Nouvelle Mosquée. (p. 82)

## Parcs et jardins

**Parc de Gülhane** Prisé pour les pique-niques. Vue magnifique. (p. 56 ; photo)

**Hippodrome** Ancienne arène pour les courses de chars, décorée d'obélisques et de colonnes. (p. 54)

**Hıdiv Kasrı** Villa Art nouveau dotée d'un jardin remarquable au bord du Bosphore. (p. 162)

## Bazars et marchés

**Marché aux Épices** Ancien marché près des quais d'Eminönü. (p. 76)

**Grand Bazar** Plus pittoresque que les centres commerciaux actuels. (p. 70)

**Marché au poisson** Ce marché de producteurs de Beyoğlu vend bien plus que du poisson. (p. 136)

## Musées et centres culturels

**Musée de Péra** Entrée libre tous les vendredis entre 18h et 22h, et tous les mercredis pour les étudiants. (p. 118)

**ARTER** Entrée libre le jeudi. (p. 111)

**Musée Sakıp Sabancı Museum** Entrée libre le mercredi. (p. 161)

**Vehbi Koç Büyükdere Evi** Maison-musée dans une villa au bord du Bosphore. (p. 162)

# Çay Bahçesis au bord de l'eau

*Les Stambouliotes excellent dans l'art du keyif, la détente à la turque. Les çay bahçesis (salons de thé avec jardin) leur offrent des poches de tranquillité à l'écart des rues bruyantes et bondées. Là, on ne fait généralement rien d'autre que jouer au tavla (backgammon), boire le thé, fumer le narghilé et discuter calmement.*

IMAGEBROKER/ALAMY STOCK PHOTO ©

## Narghilés

Si vous commandez un narghilé, vous devrez indiquer le tabac de votre choix. La plupart des gens optent pour l'*elma* (tabac trempé dans du jus de pomme, à la saveur et à l'odeur sucrées), mais il est possible de commander du tabac nature *(tömbeki)* ou aromatisé avec d'autres fruits. Un narghilé coûte de 20 à 30 ₺. Il peut se fumer à plusieurs (on vous remettra un embout individuel en plastique).

**Moda Çay Bahçesi**
(☎0216-337 9986 ; Ferit Tek Sokak 7, Moda ; 🕑7h-23h30 ; ⛴Kadıköy, Ⓜ Kadıköy). Avec ses arbres à mastic prodiguant de l'ombre et sa vue époustouflante sur la mer de Marmara et les minarets de la vieille ville d'İstanbul, ce café en plein air, situé dans le quartier huppé de Moda, à côté de Kadıköy, est l'un des *çay bahçesis* les plus prisés de la ville.

**İkiyaka İstanbul Cafe**
(☎0553 972 7453 ; www.facebook.com/ikiyakaistanbulcafe ; Harem Sahil Yolu Caddesi 12 ; 🕑7h-1h). Grâce à un emplacement imbattable, directement au bord de la mer de Marmara, ce café intérieur/extérieur sis à côté de la mosquée de Şemşi Ahmed Paşa, à Üsküdar, est un choix populaire.

# İstanbul avec des enfants

TATYANA BAKUL/SHUTTERSTOCK ©

*İstanbul se prête idéalement à un séjour en famille. Après les visites de mosquées et de musées, vos enfants verront leurs efforts récompensés par la dégustation d'un baklava, d'un loukoum ou d'une dondurma (glace turque). Ils apprécieront aussi les palais, les citernes souterraines et les nombreux parcs de la ville.*

## Pour les tout-petits

**Parc de Gülhane** Aires de jeux et vastes espaces verts. (p. 56)

**Hippodrome** Plein d'espace pour gambader. (p. 54)

**Trajets en ferry** Les petits adoreront se déplacer à bord des ferries de la ville. (p. 178)

## Pour les plus grands

**Croisière sur le Bosphore** Pour repérer les monuments sur les deux rives. (p. 154)

**Rumeli Hisarı** Une forteresse comme ils les aiment ! (p. 160)

**Citerne-Basilique** Spécial frissons, avec des passerelles au-dessus de l'eau. (p. 48)

**Musée Rahmi M. Koç** Une myriade de trains, d'avions, de bateaux et d'automobiles. (p. 106)

**Pierre Loti Cafe** Un trajet en téléphérique, suivi d'une glace. (p. 113)

## Spécial ados

**Îles des Princes** Des vélos pour explorer les îles et des plages pour la baignade. (p. 168)

**Cours de cuisine** Certains adolescents voient dans la cuisine bien mieux à faire que de vider le réfrigérateur.

## À savoir

**Musées** Entrée gratuite ou à prix réduit pour les moins de 12 ans dans la plupart des musées.

**Transport** Les moins de 7 ans voyagent gratuitement dans les transports publics.

**Poussettes** La plupart des trottoirs sont pavés et les poussettes sont peu pratiques.

**Couches** On trouve sans problème des couches jetables et des petits pots.

# Gastronomie : circuits et balades

*Goûter la cuisine turque traditionnelle fait partie des moments forts d'un séjour à İstanbul, et de nombreux prestataires réputés et hautement professionnels proposent des circuits gastronomiques et des cours de cuisine pour ceux qui veulent en savoir plus sur les produits locaux, les spécialités et les techniques culinaires.*

ALEXANDER SPATARI/GETTY IMAGES ©

**Culinary Backstreets** (www.culinarybackstreets.com/culinary-walks/istanbul ; circuits 110-125 $US/pers). Ces balades culinaires dans la ville sont menées par les gourmets passionnés qui animent l'excellent blog du même nom, consacré à plusieurs pays. Également une visite du marché et des cours de cuisine.

**İstanbul on Food** (www.istanbulonfood.com ; circuits adulte 69-100 $US, enfant 6-12 ans 39-60 $US). Parmi les circuits culinaires proposés, "Crépuscule à Taksim" (3 heures) remporte un franc succès. Également des itinéraires axés sur la cuisine de rue dans la vieille ville et à Kadiköy.

**Turkish Flavours** (☎0532 218 0653 ; www.turkishflavours.com ; circuits 80-125 $US/pers, circuit et cours de cuisine 100 $US). Balades gourmandes, dont un circuit dédié aux confiseries traditionnelles et un parcours végétarien à travers Karaköy et Kadıköy. Également d'excellents cours de cuisine.

**Cooking Alaturka** (☎0539-982 3360, 0212-458 5919 ; www.cookingalaturka.com ;Akbıyık Caddesi 72a, Cankurtaran ; cours de cuisine avec repas adulte/-12 ans 65/46 € ; ⏲10h30 et 16h30 sur réservation lun-sam ; 🚋Sultanahmet). Ces cours conviviaux sont une fabuleuse introduction à la cuisine turque familiale. Des circuits gastronomiques sont aussi proposés.

**Urban Adventures** (☎0532 641 2822 ; www.urbanadventures.com/destination/istanbul-tours ; circuits adulte/enfant à partir de 36/24 $US). Circuits culturels et gastronomiques, dont une promenade dégustation en soirée à Beyoğlu, avec un passage dans une *meyhane* (taverne) traditionnelle.

# Les plus beaux souvenirs d'İstanbul

BERKE/SHUTTERSTOCK ©

## Draps de bain en coton et soie

Les serviettes, *peştemals* (draps de bain traditionnels) et peignoirs de qualité de **Jennifer's Hamam** sont confectionnés avec du coton et de la soie certifiés, sur des métiers à tisser à l'ancienne. Visitez la gigantesque boutique d'exposition (p. 66) ou la branche du bazar d'Arasta, plus petite.

## Services à thé et à café de créateurs

Des services à café et à thé raffinés, dessinés et produits dans la ville par un fleuron du design stambouliote, **Özlem Tuna** (p. 144).

M. SERDAR ŞAMLI ©

CSP_VITALYTITOV/AGEFOTOSTOCK ©

## Céramique traditionnelle turque

Vous trouverez des pièces de collection peintes à la main et ornées de motifs ottomans traditionnels dans les boutiques **İznik Classics** à Sultanahmet (p. 66) et au Grand Bazar.

CAGKAN SAYIN/SHUTTERSTOCK ©

## Savon à l'huile d'olive pure

Des savons à l'huile d'olive pure et au parfum délicat, fabriqués dans le sud-est du pays, sont vendus par **Derviş** (p. 94) au Grand Bazar ou par **Abdulla** (p. 88) dans le quartier voisin de Nuruosmaniye.

HACKENBERG-PHOTO-COLOGNE/ALAMY STOCK PHOTO ©

## Loukoums

Craquez pour de délicieux loukoums saupoudrés de sucre glace et présentés dans des boîtes décoratives, dans la boutique où ils ont été inventés, **Ali Muhıddin Hacı Bekir**. Il y a des succursales à Eminönü (p. 94) et Beyoğlu (p. 146).

# İstanbul en 4 jours

## 1er jour

ALUXUM/GETTY IMAGES ©

Dirigez-vous vers Ayasofya Meydanı (place Aya Sofya) dans Sultanahmet. Ne manquez pas de visiter **Sainte-Sophie** (p. 38), la **Mosquée bleue** (p. 46) et la **Citerne-Basilique** (p. 48 ; photo).

Après un déjeuner en terrasse à **Emırgan Sutış** (p. 59), cap sur le **bazar d'Arasta** (p. 51) pour dénicher des souvenirs. Puis promenez-vous sur le site de l'ancien **hippodrome** (p. 54), où des courses de chars se tenaient dans l'Antiquité.

Le soir, régalez-vous de poisson à **Balıkçı Sabahattin** (p. 59), puis demandez une table au **Derviş Cafe & Restaurant** (p. 63), où vous pourrez assister à une représentation gratuite (mais très touristique) de derviches tourneurs.

## 2e jour

ASUROBSON/GETTY IMAGES ©

Passez la matinée à découvrir la vie fastueuse des sultans au **palais de Topkapı** (p. 42). À midi, misez sur les excellents restaurants bon marché autour de Hocapaşa Sokak à Sirkeci, comme **Bitlisli** (p. 57).

L'après-midi, traversez le **pont de Galata** (p. 85) pour découvrir les rues, les cafés et les boutiques de Galata, Tophane, Karaköy (photo) et Çukurcuma. Visitez l'éclectique **musée de Péra** (p. 118) ou le nostalgique **musée de l'Innocence** (p. 124).

Restez à Beyoğlu pour la soirée. Offrez-vous un apéritif dans l'un de ses cafés/bars avant de dévorer des mezze et du poisson à **Karaköy Lokantası** (p. 130) ou de la cuisine turque moderne raffinée à **Neolokal** (p. 130).

## 3e jour

MINEMERO/GETTY IMAGES ©

Visitez la somptueuse **mosquée de Soliman le Magnifique** (p. 74), puis le **Grand Bazar** (p. 70), dont vous explorerez les ruelles et les caravansérails en achetant quelques souvenirs au passage. Déjeunez à l'un des nombreux stands bon marché du secteur.

Descendez la colline jusqu'au **marché aux Épices** (p. 76 ; photo) et au quartier commerçant d'Eminönü. Visitez la sublime **mosquée de Rüstem Paşa**, puis le **Hünkâr Kasrı** (p. 82). Traversez le **pont de Galata** (p. 85) jusqu'à Beyoğlu, où vous pourrez faire un **circuit gastronomique** nocturne.

Le soir, laissez-vous bercer par de la musique en live au **Nardis Jazz Club** (p. 143) ou au **Salon İKSV** (p. 143).

## 4e jour

VOVIK_MAR/GETTY IMAGES ©

Faites une sortie en bateau sur le **Bosphore** avec le **ferry de Long Bosphorus Tour** (p. 154), puis revenez en bus, en vous arrêtant en chemin pour voir d'autres musées et monuments.

Les croisières Dentur Avraysa, au départ de Kabataş ou Beşiktaş, permettent de monter et descendre à volonté, notamment pour visiter le **musée Sakıp Sabancı** (p. 161), ainsi que les palais de **Küçüksu Kasrı** (p. 162) et de **Beylerbeyi** (p. 152). L'après-midi, explorez le passionnant milieu de l'art contemporain à Beyoğlu.

À l'heure du dîner, place au plat national, le kebab, à **Antiochia** (p. 128) ou **Zübeyir Ocakbaşı** (p. 129). Enfin, faites vos adieux à la ville dans l'un des bars avec toit-terrasse.

# Les basiques

Pour plus d'informations, voir le *Carnet pratique* (p. 173)

**Langue**
Turc

**Monnaie**
Türk Lirası
(livre turque ; ₺)

**Visa**
Pour un séjour de 90 jours : aucun visa pour les Français et les Suisses ; visa électronique (www.evisa.gov.tr) pour les Belges et les Canadiens.

**Argent**
Nombreux DAB. Cartes bancaires acceptées dans la plupart des magasins, des hôtels et des restaurants.

**Téléphone portable**
Cartes SIM prépayées à enregistrer lors de l'achat.

**Heure locale**
GMT + 2 heures

**Pourboire**
10% dans les restaurants ; pas nécessaire dans les établissements bon marché. Pour les taxis, arrondissez à la livre supérieure.

## Budget quotidien

### Moins de 90 €

Chambre double à partir de 60 €

*Pide* 3,50 €

Bière dans un bar de quartier 4 €

Trajet en tramway, bus ou ferry 1 €

### De 90 à 180 €

Chambre double à partir de 120 €

Déjeuner dans une *lokanta* (restaurant servant des plats préparés à l'avance) 6 €

Dîner dans une *meyhane* (taverne) 26 €, vin compris

Taxi de Sultanahmet à Beyoğlu 4 €

### Plus de 180 €

Chambre double à partir de 180 €

Repas au restaurant 30 €, vin compris

Cocktail dans un bar sur les toits 10 €

Séance de hammam : à partir de 30 €

## À prévoir

**Trois mois avant** Pour partir au printemps, en automne ou à Noël, réservez votre hébergement le plus tôt possible.

**Deux mois avant** Les places pour les grands festivals et concerts partent vite ; réservez via **Biletix** (☎ 0216-556 9800 ; www.biletix.com).

**Deux semaines avant** Demandez à votre hôtel de réserver une table pour dîner dans un restaurant couru.

## Arriver à İstanbul

La plupart des voyageurs arrivent à İstanbul par voie aérienne.

### Aéroport d'İstanbul

**Bus de l'aéroport** Pour Sultanahmet et Eminönü (18 ₺, toutes les 30 à 45 minutes, de 5h à 4h15, toutes les heures à 1 heure 40) et pour Taksim (18 ₺, toutes les 15 à 30 minutes, de 5h10 à 4h30, toutes les 40 minutes à 1 heure 20).
**Taxi** Environ 135 ₺ pour Sultanahmet, 130 ₺ pour Beyoğlu.

### Aéroport international Sabiha Gökçen

**Bus de l'aéroport** Pour Taksim (18 ₺, toutes les 15 à 30 minutes, de 4h à 1h, toutes les 40 minutes à 1 heure 30) et Kadıköy (14 ₺, toutes les 30 minutes, de 4h à 1h, toutes les heures).
**Taxi** Environ 175 ₺ pour Sultanahmet, 165 ₺ pour Beyoğlu.

## Comment circuler

Les transports publics sont efficaces et bon marché. La plupart des trajets simples coûtent 5 ₺ ; acheter une İstanbulkart (p. 180) vous fera gagner du temps et de l'argent.

### Tramway

Services fréquents de 6h à minuit.

### Métro

Circule de 6h à minuit (24h/24 les vendredis et samedis sur certaines lignes).

### Bateau

Circule de 7h à 21h (environ) ; la fréquence varie selon les destinations.

### Bus

Lent et bondé ; une İstanbulkart est nécessaire.

### Taxi

Ils sont nombreux et peu coûteux.

# İstanbul Les quartiers

### Saint-Sauveur-in-Chora (Kariye Müzesi) et Corne d'Or (p. 97)

Une vitrine pour l'histoire éclectique et passionnante d'İstanbul, avec des églises, des mosquées, des loges soufies et des synagogues.

### Grand Bazar et quartier des bazars (p. 69)

Une balade dans ce quartier envoûtant, ponctué de bazars historiques, de rues commerçantes et de superbes mosquées.

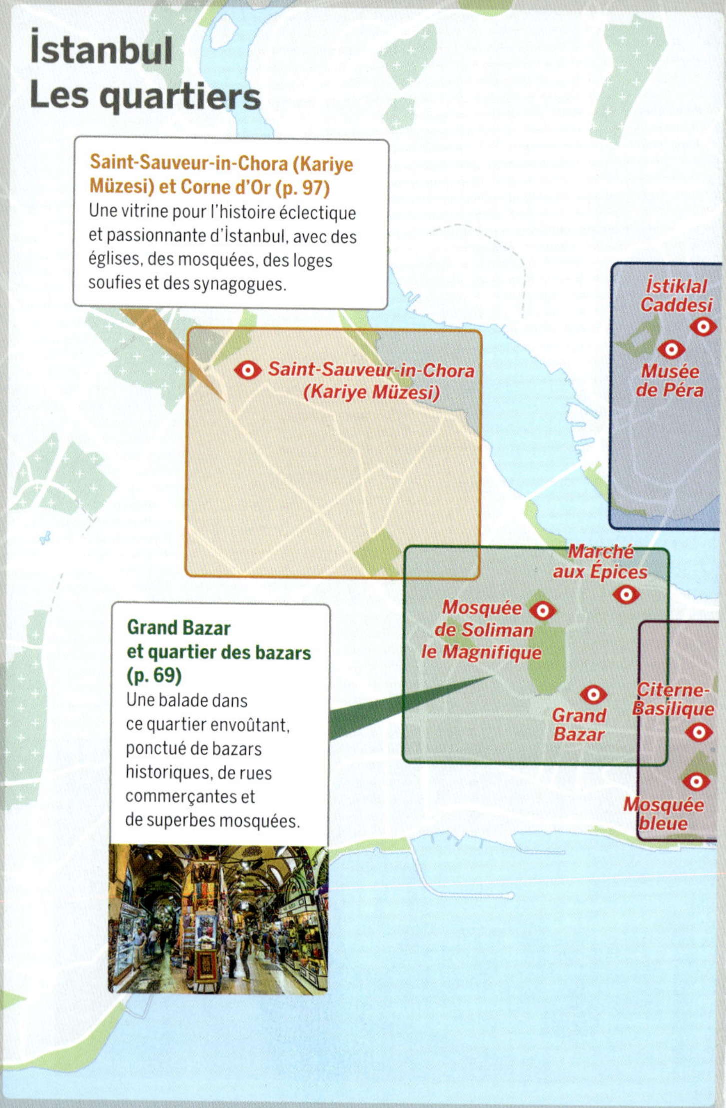

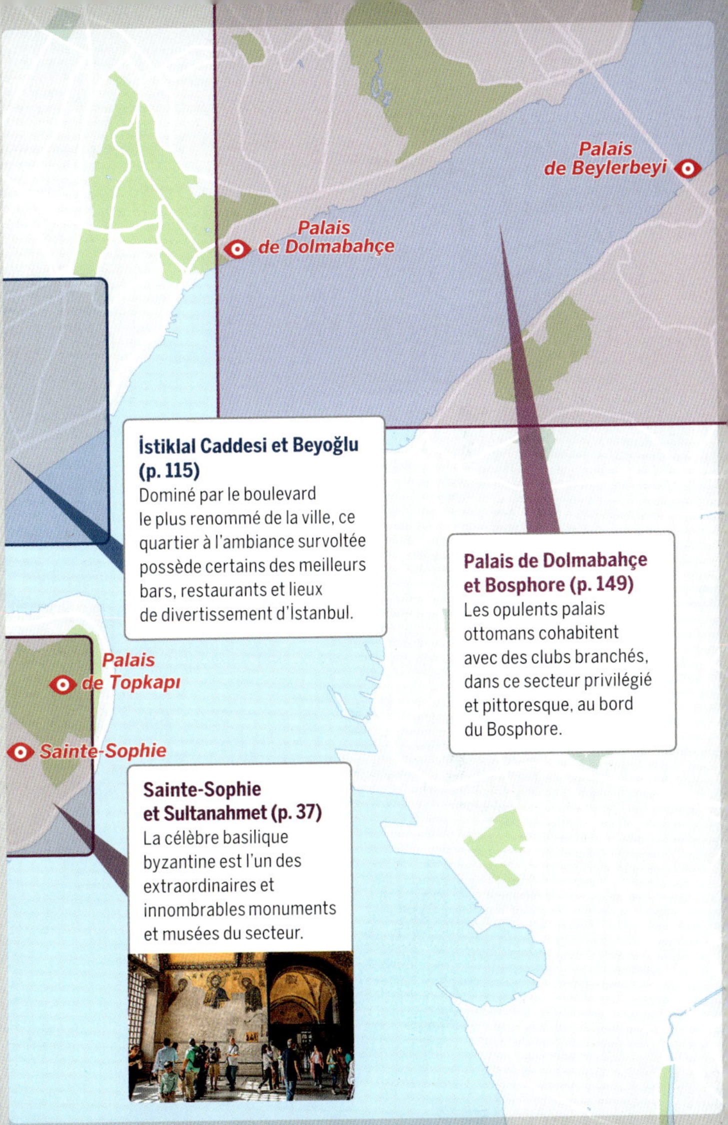


**İstiklal Caddesi et Beyoğlu (p. 115)**
Dominé par le boulevard le plus renommé de la ville, ce quartier à l'ambiance survoltée possède certains des meilleurs bars, restaurants et lieux de divertissement d'İstanbul.

**Palais de Dolmabahçe et Bosphore (p. 149)**
Les opulents palais ottomans cohabitent avec des clubs branchés, dans ce secteur privilégié et pittoresque, au bord du Bosphore.

**Sainte-Sophie et Sultanahmet (p. 37)**
La célèbre basilique byzantine est l'un des extraordinaires et innombrables monuments et musées du secteur.

dejavu
NİKAH
DAVETİYE
HAC

# Explorer İstanbul



## Vaut le détour



## Promenades à pied



## Circuits en bateau



Une rue près du Grand Bazar (p. 70) AZMANL/GETTY IMAGES ©

Explorer

# Sainte-Sophie et Sultanahmet

*De nombreux visiteurs ne sortent jamais de Sultanahmet. C'est bien dommage, mais pas très surprenant. En effet, il est difficile de trouver ailleurs dans İstanbul une telle concentration de sites historiques, de boutiques, d'hôtels et de restaurants. Facile à explorer à pied, le quartier est une vitrine du glorieux passé de la cité, riche de mosquées, palais, églises et maisons datant des périodes romaine, byzantine et ottomane.*

## Notre sélection

- ***Sainte-Sophie (p. 38)***. *Admirer la sublime coupole de la plus extraordinaire de tous les édifices religieux byzantins.*
- ***Palais de Topkapı (p. 42)***. *Découvrir les secrets du harem dans ce palais composé de nombreux pavillons, où vivaient les sultans.*
- ***Mosquée bleue (p. 46)***. *S'extasier devant les six minarets et les innombrables coupoles de ce chef-d'œuvre de l'architecture ottomane.*
- ***Citerne-Basilique (p. 48)***. *Explorer les profondeurs de cette fascinante citerne byzantine.*

## Comment y aller et circuler

Depuis Kabataş et Karaköy, les tramways traversent le pont de Galata et s'arrêtent à Eminönü, Sirkeci, Gülhane, Sultanahmet, Çemberlitaş et Beyazıt-Kapalı Çarşı (Grand Bazar). Sultanahmet est l'arrêt le plus pratique pour la plupart des sites du quartier.

**Plan de Sultanahmet p. 52**

Sainte-Sophie (p. 38) EPEL/SHUTTERSTOCK ©

Les incontournables

# Sainte-Sophie (Aya Sofya)

*Sainte-Sophie (Aya Sofya en turc, Hagia Sophia en grec) – commandée par l'empereur byzantin Justinien, consacrée en tant qu'église en 537, transformée en mosquée par Mehmet II le Conquérant en 1453, déclarée musée par Atatürk en 1935 et redevenue mosquée en 2020 – se distingue par son architecture avant-gardiste, son riche passé, son importance religieuse et son extraordinaire beauté.*

PLAN P. 52, D5

0212-522 1750

muze.gen.tr/muze-detay/ayasofya

Aya Sofya Meydanı 1

gratuit

fermée aux visiteurs durant les prières

Sultanahmet

## La Porte impériale

L'entrée principale de la nef est couronnée d'une mosaïque du Christ Pantocrator (tout-puissant). Le Christ tient un livre portant l'inscription "La paix soit avec vous. Je suis la lumière du monde." La Vierge Marie est à sa gauche et l'archange Gabriel, à sa droite. À ses pieds, un empereur (probablement Léon VI le Sage) est prosterné.

## La nef

Dans la nef, l'absence de colonnes ostensibles donne une impression saisissante de transparence. Les lustres, pendus bas, sont des ajouts ottomans, tout comme les grands médaillons du XIXe siècle décorés de lettres arabes dorées, le kiosque surélevé où priaient les sultans et la bibliothèque ornée.

## L'abside

Le centre de la nef est l'abside, à la splendide mosaïque du IXe siècle représentant la Vierge et l'Enfant Jésus. Le minbar (chaire) et le mihrab (niche de prière indiquant la direction de La Mecque) furent ajoutés à l'époque ottomane.

## La coupole

La coupole mesure 30 m de diamètre et 56 m de hauteur. Elle comporte 40 nervures, reposant sur quatre énormes piliers cachés dans les murs intérieurs. L'historien byzantin Procope décrivit la coupole comme "suspendue au ciel par une chaîne d'or".

## Les séraphins

Les quatre immenses séraphins (les anges à six ailes, gardiens du trône de Dieu) à la base de la coupole étaient à l'origine en mosaïque ; deux d'entre eux (côté ouest) furent représentés sous forme de fresques après avoir été endommagés au XIIIe siècle.

### ★ À savoir

- Sainte-Sophie est redevenue une mosquée. Les heures d'ouverture respectent donc celles des prières quotidiennes.
- Comme dans toutes les mosquées, vous devez vous déchausser en entrant et les femmes doivent se couvrir la tête. Des foulards sont fournis à l'entrée. Les photos sont autorisées.

### Une petite pause ?

- L'A'YA Rooftop Lounge (p. 63), au Four Seasons Hotel voisin, est parfait pour prendre un verre au coucher du soleil.

### ★ Avertissement

- Lors de nos recherches, les représentations religieuses étaient masquées de manière permanente. Renseignez-vous avant votre visite afin de vérifier si c'est toujours le cas et d'éviter toute déconvenue.

## Les mosaïques de saints

Dans la nef, levez les yeux vers le nord-est (à gauche lorsque vous êtes face à l'abside) pour voir les trois mosaïques sous la coupole (IXe siècle). Elles représentent saint Ignace le Jeune, saint Jean Chrysostome et saint Ignace d'Antioche. À côté (mais visible uniquement depuis la galerie nord), un portrait en mosaïque de l'empereur Alexandre date du Xe siècle.

## La colonne suante

Dans l'aile latérale, au pied de la rampe menant aux galeries supérieures, un pilier porte une plaque de cuivre vétuste et percée d'un trou. Selon la légende, cette colonne suante fut bénite par saint Grégoire le Thaumaturge. Elle guérirait ceux qui, ayant enfoncé leur doigt dans le trou creusé dans la pierre, le ressortiraient humide.

## Les galeries supérieures

Elles sont accessibles par la rampe située à l'extrémité nord du narthex intérieur. En haut, un cercle en marbre vert marque l'emplacement du trône de l'impératrice.
De là, la vue sur la nef en direction de l'abside est spectaculaire.

## La Déisis (Jugement dernier)

La galerie sud contient les vestiges d'une Déisis. Cette mosaïque du XIIIe siècle représente le Christ, avec la Vierge Marie à sa gauche et saint Jean-Baptiste à sa droite.

Mosaïque de la Vierge Marie avec l'empereur Jean II Comnène et l'impératrice Irène

## La tombe d'Enrico Dandolo

Enrico Dandolo, le doge de Venise qui dirigea le siège de Constantinople (1204) lors de la quatrième croisade, y mourut en 1205 et fut enterré dans la galerie de Sainte-Sophie. Un repère du XIXe siècle indique l'emplacement probable de sa tombe, qui fut détruite par les Ottomans après la Conquête.

## Le Christ en majesté, entouré de l'impératrice Zoé et de Constantin IX Monomaque

À l'extrémité est de la galerie, cette mosaïque du XIe siècle représente Zoé (règne 1028-1050), qui fut l'une des trois seules impératrices byzantines de plein droit, et son troisième époux.

## La Vierge Marie, l'empereur Jean II Comnène et l'impératrice Irène

Près de l'impératrice Zoé, on découvre une mosaïque du XIIe siècle représentant la Vierge Marie avec l'empereur Jean II Comnène (surnommé Jean le Beau) et l'impératrice Irène, qui était connue pour ses actions caritatives. Leur fils Alexis, à côté d'Irène, mourut peu de temps après l'achèvement de ce portrait.

## L'inscription viking

Des Vikings auraient laissé une inscription de type graffiti au IXe siècle : "Éric était ici". Elle est gravée sur la balustrade du balcon sud. Vous la trouverez près de la mosaïque de Déisis.

## Constantin Ier le Grand, la Vierge Marie et l'empereur Justinien

En sortant du bâtiment, n'oubliez pas de vous retourner pour admirer, sur le tympan du portail intérieur, la mosaïque du Xe siècle représentant Marie avec Constantin, à droite, qui lui offre Constantinople et Justinien, à gauche, qui lui offre Sainte-Sophie.

## Dépendances

Sur la droite en sortant du bâtiment principal se dresse une *şadırvan* (fontaine d'ablutions) de style rococo, datant de 1740. À côté, une petite *sibyan maktab* (école primaire) date aussi de 1740. La petite construction à côté de la porte est le *muvakkithane* (lieu où étaient déterminés les horaires des prières), construit en 1853.

## Mausolées de Sainte-Sophie

Ces superbes tombeaux (p. 54) sont ceux de cinq sultans ottomans, pour la plupart enterrés avec leur famille. Situés à l'angle sud de Sainte-Sophie, ils sont accessibles via Babıhümayun Caddesi. L'un d'entre eux était à l'origine le baptistère de la basilique.

Les incontournables

# Palais de Topkapı

*Puissants sultans hédonistes, courtisans ambitieux, concubines et eunuques ont défilé dans ce palais (Topkapı Sarayı) entre le XVe et le XIXe siècle, quand il était le siège du sultanat ottoman. De nos jours, la visite des somptueux pavillons, du Trésor impérial et du vaste harem offre un bel aperçu de la vie de la Cour sous l'Empire ottoman, ainsi que de son histoire et de ses coutumes.*

PLAN P. 52, E2

0212-236 90 00

www.millisaraylar.gov.tr/en

Babıhümayun Caddesi

palais 100 ₺, harem 42₺

9h-18h30, dernière entrée 45 min avant la fermeture, fermé le mardi

Sultanahmet

## La première cour

Avant de franchir la porte Impériale (Bab-ı Hümayun), admirez la **fontaine du sultan Ahmet III**, une construction rococo (1728), au centre de la place pavée. Vous entrerez ensuite dans la première cour, appelée cour des Janissaires. Sur la gauche se dresse l'église byzantine Sainte-Irène (Hagia Eirene ou Aya İrini), commandée par Justinien vers 540.

## La deuxième cour

La deuxième cour du palais abritait des salles d'audience et des dortoirs militaires, ainsi que les gigantesques cuisines, dont une partie, la *helvahane*, était dédiée à la pâtisserie.

## La salle du Conseil impérial

C'est dans cette salle richement ornée, du côté gauche (ouest) de la deuxième cour, que le Divân (Conseil) impérial édictait les lois, que les citoyens déposaient leurs requêtes et que les dignitaires étrangers étaient présentés à la Cour – parfois en présence du sultan, dissimulé derrière la grille dorée en hauteur dans le mur.

## Le harem

Les anciens appartements privés du sultan et de sa famille sont situés du côté ouest de la deuxième cour. Le harem comprend de nombreuses chambres, salles de réception, hammams et cours richement décorés. Ne manquez pas le dortoir des gardes du palais, le salon de la Sultane Validé (mère du sultan), la salle impériale, les salons privés de Murat III et d'Ahmet III et les kiosques jumeaux/appartements du prince héritier.

## La troisième cour

On y accède par l'imposante porte de la Félicité, de style rococo, qui servait pour les cérémonies

### ★ À savoir

- Deux billets d'entrée sont nécessaires : un pour le palais et un pour le harem. Ils s'achètent au guichet principal, situé devant la porte de la deuxième cour.
- Achetez le Museum Pass İstanbul ou prenez un guide privé pour éviter la file d'attente à l'entrée.
- Arrivez tôt et commencez par le harem pour éviter la foule.
- Des audioguides (palais/harem/les deux 20/20/30 ₺) peuvent être loués auprès d'un kiosque dans la deuxième cour.

### ✕ Une petite pause ?

- Pour goûter des plats ottomans élaborés selon des recettes perfectionnées dans les cuisines du palais de Topkapı, prévoyez un long déjeuner à Matbah (p. 60).
- Régalez-vous d'un déjeuner léger dans le jardin d'Emırgan Sutış (p. 59).

# Palais de Topkapı

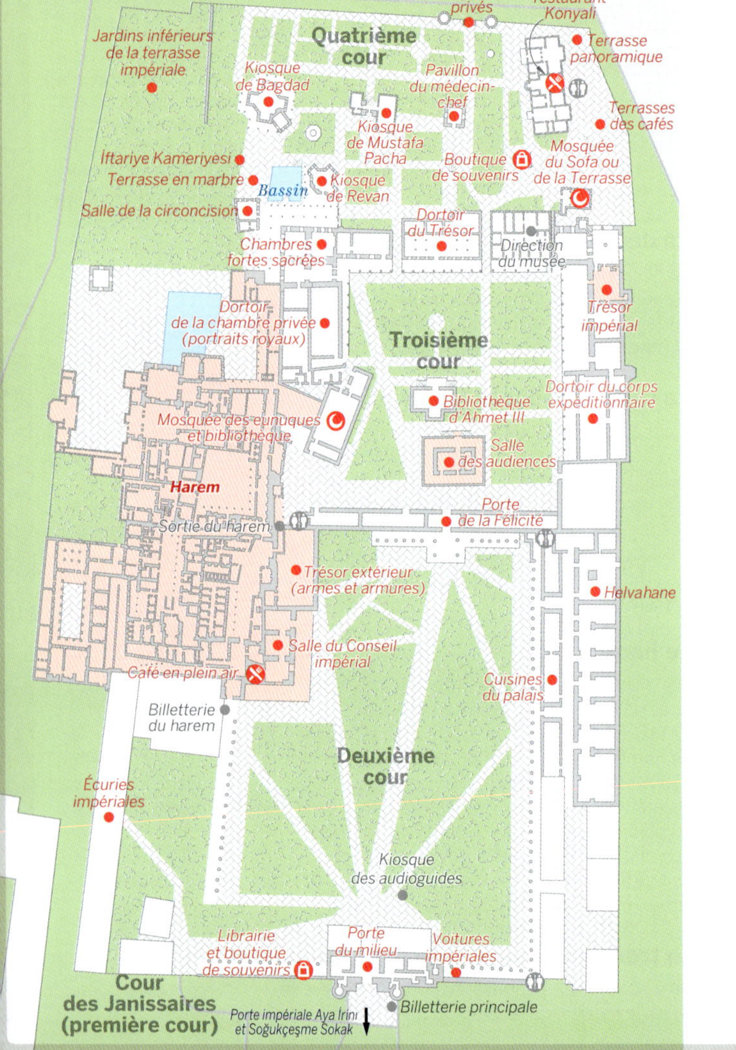

d'État – comme l'accession au trône ou les funérailles des sultans. Il s'agissait du domaine privé du sultan, où les gardes et les serviteurs étaient des eunuques blancs.

## La salle des audiences

Les ambassadeurs étrangers et les dignitaires étaient conduits dans ce pavillon pour les audiences impériales. Assis sur des coussins brodés de milliers de perles, le sultan examinait les cadeaux qui lui étaient présentés par la petite porte de gauche.

## La bibliothèque d'Ahmet III

Juste derrière la salle des audiences, cette belle bibliothèque fut construite en 1719 pour le sultan Ahmet III. Inondée de lumière, elle est ornée de superbes éléments de marqueterie et possède des espaces de lecture confortables.

## Les chambres fortes sacrées

Les salles de ces chambres fortes, décorées de faïences d'İznik, renferment des reliques sacrées. Du temps des sultans, elles n'étaient ouvertes qu'une fois par an, quand la famille impériale venait honorer la mémoire du Prophète, le 15e jour du mois du ramadan.

## Le Trésor impérial

Situé sur le côté est de la troisième cour, le Trésor de Topkapı se compose d'une incroyable collection d'objets en or ou décorés d'or, d'argent, de rubis, d'émeraudes, de jade, de perles et de diamants. L'édifice lui-même fut construit en 1460, durant le règne de Mehmet le Conquérant, et servait à l'origine de salle de réception. Lors de notre dernier passage, il était fermé pour d'importantes restaurations.
La pièce maîtresse est la dague de Topkapı, objet d'un vol audacieux dans le film *Topkapi* de Jules Dassin (1964), dont le manche est incrusté de trois grosses émeraudes. C'est ici également qu'est conservé le diamant du Kasıkçı (dit du fabricant de cuillères), un diamant de 86 carats en forme de poire, serti de dizaines de pierres plus petites. Porté par Mehmet IV lors de son accession au trône, en 1648, c'est l'un des plus gros du monde.

## La terrasse en marbre

Cette magnifique terrasse de la quatrième cour comprend les kiosques de Bagdad (1636) et d'Erevan (1639), deux superbes exemples d'architecture classique. La salle de la circoncision (Sünnet Odası) date de 1640. Ses murs extérieurs sont ornés de carreaux d'İznik de toute beauté.

## L'İftariye Kameriyesi

Pendant le ramadan, les sultans profitaient de l'*iftar* (rupture du jeûne) sous ce toit doré, en admirant le Bosphore et la Corne d'Or (Haliç).

Les incontournables

# Mosquée bleue

*Le monument le plus photogénique d'İstanbul fut le grand projet du sultan Ahmet Ier (règne 1603-1617), dont le türbe (mausolée) se trouve sur le côté nord, face au parc de Sultanahmet. Sultanahmet Camii (mosquée Sultanahmet), aux courbes somptueuses, arbore des coupoles en cascade et six minarets élancés. Elle doit son nom officieux, communément employé, aux faïences bleues d'İznik qui ornent l'intérieur.*

PLAN P. 52, C6

Sultanahmet Camii

0212-458 4468

Hippodrome

horaires variables ; fermé aux touristes durant les prières quotidiennes et le prêche du vendredi.

Sultanahmet

## L'entrée cérémoniale

Pour apprécier pleinement l'architecture, arrivez par l'hippodrome plutôt que par le parc de Sultanahmet. Dans la cour, vous admirerez la perfection des proportions de l'édifice. Notez comment la progression des dômes guide le regard des fidèles depuis le rez-de-chaussée (la terre) jusqu'au dôme et aux minarets (le ciel).

## La salle de prière

À l'intérieur, c'est la démesure : plus de 21 000 carreaux d'İznik, 260 vitraux et un immense espace central pour la prière. Parmi les éléments remarquables figurent un *mihrab* (qui renferme un morceau de la pierre noire sacrée de la Kaaba de la Mecque), un haut *mahfili* (balcon d'où le muezzin prononce l'appel à la prière au début de chaque prêche) et un beau minbar sculpté en marbre blanc.

## L'ensemble architectural de la mosquée

Les mosquées impériales comprenaient des institutions de service public (hôpitaux, soupes populaires, hammams...). Ici subsistent une medersa (école coranique ; fermée au public) et une *arasta* (rangée de boutiques ; aujourd'hui le bazar de l'Arasta).

## Le mausolée du sultan Ahmet Ier

Le *türbe* (mausolée) du sultan Ahmet Ier, à l'origine de la Mosquée bleue, se trouve sur le côté nord, face au parc de Sultanahmet Ahmet, qui accéda au trône à l'âge de 13 ans, mourut en 1617, alors âgé de 27 ans ; son *türbe* fut édifié entre 1617 et 1619 et à l'instar de la mosquée, il est orné de beaux carreaux d'İznik.

### ★ À savoir

- La mosquée est fermée aux touristes durant les 5 prières quotidiennes et le prêche du vendredi.
- Les femmes doivent apporter un châle pour se couvrir la tête et les épaules ; si vous n'en avez pas, on vous en prêtera un à l'entrée.
- Vous devrez retirer vos chaussures avant d'entrer dans la salle de prière ; prenez-les avec vous dans un sac en plastique (fourni) plutôt que de les laisser sur les étagères.

### ✕ Une petite pause ?

- Pour admirer les minarets et coupoles de la mosquée tout en dégustant un thé, un café ou un jus frais, rendez-vous au Derviş Cafe & Restaurant (p. 63), juste en face.
- Envie d'une *pide* rapide et bon marché pour déjeuner ? Cap sur Başka Şubemiz Yoktur Karadeniz Aile Pide ve Kebap Salonu (p. 61), non loin.

Les incontournables

# Citerne-Basilique

*Ce réservoir souterrain, construit en 532 à la demande de Justinien, est la plus grande citerne byzantine subsistant à İstanbul. Elle compte 336 colonnes de marbre et de granit, dont beaucoup, récupérées dans des temples en ruine, comportent des chapiteaux finement sculptés. La symétrie et le caractère grandiose du lieu en font un décor très prisé pour le tournage de films (comme* Bons Baisers de Russie*).*

PLAN P. 52, C5

Yerebatan Sarnıçı

0212-512 1570

www.yerebatan.com

Yerebatan Caddesi

30 ₺

9h-17h30 nov-mi-avr, 9h-18h30 de mi-avr à oct

Sultanahmet

## Histoire

À l'origine, la citerne fut conçue pour alimenter le Grand Palais de Byzance ; l'eau qu'elle renfermait était acheminée depuis la mer Noire par un réseau de 20 km d'aqueducs. Elle fut fermée quand les empereurs byzantins quittèrent le palais. Oubliée par les autorités de la ville, elle ne fut redécouverte qu'en 1545, lorsque le savant Petrus Gyllius découvrit que des habitants obtenaient de l'eau en descendant des seaux dans un espace sombre sous le sol de leurs maisons. Certains parvenaient même à attraper des poissons. Intrigué, Gyllius voulut en savoir plus et accéda à la citerne à travers le sous-sol d'une habitation. Après cette découverte, les Ottomans utilisèrent l'eau pour irriguer les jardins du palais de Topkapı.

## Les colonnes

Les colonnes mesurent toutes 9 m de haut ; la plupart sont dotées de chapiteaux ioniques ou corinthiens. Elles sont réparties en 12 rangées, parmi lesquelles une colonne est gravée avec des motifs qui évoquent des yeux de paon, ou des larmes. Selon certains historiens, ces larmes furent sculptées en hommage aux centaines d'esclaves qui périrent pendant la construction de la citerne.

## La tête de Méduse

Deux colonnes reposent sur d'impressionnantes têtes de Méduse sculptées, l'une à l'envers, l'autre sur le côté. Lorsque la citerne fonctionnait encore, elles étaient toutes deux immergées. Maintenant qu'elles sont hors de l'eau, elles donnent au site un caractère mystérieux.

### ★ À savoir

- La citerne est un havre de fraîcheur en été – allez-y l'après-midi, lorsque la chaleur est étouffante.
- Le Museum Pass İstanbul n'est pas accepté.
- Prévoyez environ 30 minutes pour la visite, mais préparez-vous à de l'attente pour les billets.
- Soyez prudent à l'intérieur : le sol peut être mouillé et glissant.

### Une petite pause ?

- À midi, Sefa Restaurant (p. 60) est un bon choix pour ses *hazır yemek* (plats tout prêts) à des prix raisonnables.
- L'intérieur douillet et pittoresque du Kybele Cafe (p. 64) en fait une adresse idéale pour un café ou une boisson.

Promenade à pied

# Balade à Sultanahmet

*De nombreux visiteurs ne voient souvent qu'une infime partie de Sultanahmet, et se limitent à leur hôtel et aux grands monuments. Cette promenade hors des sentiers battus vous fera découvrir des sites ottomans et byzantins moins connus.*

## La promenade

**Départ** Place Sainte-Sophie 🚋 Sultanahmet

**Arrivée** Bazar de l'Arasta 🚋 Sultanahmet

**Distance et durée** 2,3 km ; 2 heures

### ❶ Mausolées de Sainte-Sophie

Partez d'Aya Sofya Meydanı (place Sainte-Sophie) et tournez à gauche dans Babıhümayun Caddesi pour visiter ces splendides **tombeaux** ottomans (p. 54), où reposent cinq sultans.

### ❷ Fontaine du sultan Ahmet III

Devant le palais de Topkapı, cette **fontaine** du XVIII^e^ siècle était un point de ravitaillement en eau et *şerbet* (boisson aux fruits sucrée).

### ❸ Soğukçeşme Sokak

Reliant le palais de Topkapı et Sainte-Sophie, cette **rue** pittoresque doit son nom à la *Soğuk Çeşme* (fontaine froide) à son extrémité sud. Elle est bordée de maisons en bois imitant celles de l'époque ottomane.

### ❹ Caferağa Medresesi

Tournez à gauche dans Caferiye Sokak pour découvrir cette petite **medersa** à l'ombre de Sainte-Sophie. Commandée en 1560 par Cafer Ağa, chef des eunuques noirs de Soliman le Magnifique, elle fut construite selon les plans du grand Mimar Sinan.

### ❺ Mosquée Sokullu Şehit Mehmet Paşa

Continuez dans Caferiye Sokak jusqu'à Alemdar Caddesi. Tournez à gauche pour gagner l'**hippodrome** (p. 54), où étaient organisées des courses de chars à l'époque byzantine. Marchez sur toute sa longueur puis suivez Şehit Mehmetpaşa Yokuşu et Katip Sinan Camii Sokak. Vous arriverez à cette **mosquée** de quartier (p. 56) du XVI^e^ siècle, dont l'intérieur est agrémenté de spectaculaires faïences d'İznik rouges et bleues.

### ❻ Petite Sainte-Sophie

Descendez Şehit Mehmetpaşa Sokak jusqu'au quartier résidentiel de Küçük Ayasofya. Vous atteindrez une étroite rue animée, Kadırga Limanı Caddesi. Tournez à gauche et suivez la rue jusqu'au Çardaklı Hamam, construit en 1503 et délabré. Tournez à droite pour visiter cette **église** (p. 55) rénovée et fonctionnant comme une mosquée, l'un des plus beaux édifices byzantins de la ville.

### ❼ Sphendone

Longez Küçük Aya-sofya Caddesi vers l'est, puis gravissez à gauche Aksakal Caddesi. La sphendone, l'extrémité sud en arc de cercle, est tout ce qu'il reste de l'hippodrome ; elle faisait partie du **stade** d'origine.

### ❽ Bazar de l'Arasta

Poursuivez dans Nakilbent Sokak puis tournez à droite, longez Şifa Hamamı Sokak, tournez à gauche dans Küçük Ayasofya Caddesi et continuez tout droit jusqu'à cette **arcade de boutiques**, en retrait de Torun Sokak, sous la Mosquée bleue.

Palais de Topkapı
Parc Gülhane
8
Musées archéologiques d'İstanbul
1
Musée d'Histoire des sciences et technologie de l'Islam d'İstanbul
11
Bibliothèque du musée de la Littérature Ahmet Hamdi Tanpınar
10
Cour des Janissaires du palais de Topkapı (première cour)
Musée du Tapis
7
CAĞALOĞLU
HOBYAR
ALEMDAR
NURUOSMANİYE
ÇEMBERLİTAŞ
Sirkeci
Gülhane
Alemdar Cad
Alaykoşku Cad
Ebussuud Cad
Ankara Cad
Prof Kazım İsmail Gürkan Cad
Bab-ı Ali Cad
Türbedar Sk
Yerebatan Cad
Hükümet Konağı Sk
Cağaloğlu Yokuşu
Hüdavendigar Cad
Muradiye Cad
Nöbethane Cad
Orhaniye Cad
İbn-i Kemal Cad
Hocapaşa Sk
Aşir Efendi Cad
Büyük Postane Cad
Hamidiye Cad
Hanimeli Sk
Köprücü Sk
Cemal Nadir Sk
Hoca Hani Sk
Sultan Mektep Sk
Celal Ferdi Gökçay Sk
Türkocağı Cad
Tasvir Sk
Şeref Efendi Sk
Cağaloğlu Meydanı
Nuruosmaniye Cad
Gazi Sinan Paşa Sk
Molla Feneri Sk
Baş Müsahip Sk
Ticarethane Sk
Çatal Çeşme Sk
Taşsavak Sk
Salkım Söğüt Sk
Zeynep Sultan Camii Sk
Caferiye Sk
Soğukçeşme Sk
Taya Hatun Sk
Darüssade Sk
İstasyon Arkası Sk
Erdoğan Sk
200 m

Nos adresses
Les incontournables p. 38
Voir p. 54
Se restaurer p. 57
Prendre un verre p. 63
Sortir p. 65
Shopping p. 66
Sainte-Sophie
Citerne-Basilique
Mosquée bleue
3 Mausolée de Sainte-Sophie
4 Hippodrome
2 Musée des Arts turcs et islamiques
6 Musée des Mosaïques du Grand Palais
9 Mosquée Sokullu Şehit Mehmet Paşa
5 Petite Sainte-Sophie
Parc Sultanahmet
BİNBİRDİREK
CANKURTARAN
KÜÇÜK AYASOFYA
Détroit du Bosphore (Boğaziçi)
Mer de Marmara (Marmara Denizi)
Kennedy Cad (Sahil Yolu)
Divan Yolu Cad
Sultanahmet
Aya Sofya Meydanı
Babıhümayun Cad
İshakpaşa Cad
Adliye Sk
Kabasakal Cad
Tevkifhane Sk
Utangaç Sk
Kutlugün Sk
Dalbastı Sk
Akbıyık Cad
Bayram Fırını Sk
Mimar Mehmet Ağa Cad
Arasta Bazaar
Torun Sk
Amiral Tafdil Sk
Cankurtaran Cad
Keresteci Hakkı Sk
Ahırkapı Sk
Akbıyık Değirmeni Sk
Oyuncu Sk
Atmeydanı Cad
Tavukhane Sk
Şifa Hamamı Sk
Nakilbent Sk
Küçük Ayasofya Cad
Kapıağası Sk
Yeğen Sk
Oğul Sk
Mustafa Paşa Sk
Çayıroğlu Sk
Aksakal Cad
Akburçak Sk
Kaleci Sk
Kasap Osman Sk
Küçük Ayasofya Camii Sk
Şehit Mehmet Paşa Yokuşu
Üçler Sk
Terzihane Sk
Babayani Sk
Dizdariye Çeşmesi Sk
Peykhane Cad
Göktaş Sk
Boyacı Ahmet Sk
Piyer Loti Cad
Klodfarer Cad
Işık Sk
İmran Öktem Cad
13 20 21 22 26 27 28 29 31 35 37 38 39 40 41 42 43
A B C D E F
5 6 7 8

# Voir

## Musées archéologiques d'İstanbul

ARCHÉOLOGIE

1 PLAN P. 52, D3

Le plus prestigieux musée archéologique de la ville occupe trois bâtiments près du palais de Topkapı. Parmi ses nombreux joyaux, les sarcophages de la nécropole royale sont particulièrement remarquables. En raison d'importantes rénovations, certaines parties de l'édifice principal sont fermées, mais le pavillon aux Faïences, le musée de l'Orient ancien et les sculptures de l'Antiquité (où sont exposés les sarcophages) sont accessibles. (İstanbul Arkeoloji Müzeleri ; 0212-520 7740 ; www.muze.gov.tr ; Osman Hamdi Bey Yokuşu Sokak, Gülhane ; 50 ₺ ; 9h-17h30 avr-sept, 9h-17h oct-mars mar-dim ; Gülhane)

## Musée des Arts turcs et islamiques

ARTS ET ARTISANAT

2 PLAN P. 52, B6

Ce palais ottoman fut construit en 1524 pour İbrahim Paşa, ami, beau-frère et grand vizir de Soliman. Il comprend désormais des objets étincelants, notamment un encensoir ottoman du XVII^e siècle, de superbes calligraphies et une collection de tapis anciens considérée comme la plus belle du monde. Certaines pièces, très grandes, ont été déplacées au musée du Tapis (p. 56), mais la collection reste éblouissante, avec ses tapis de prière ou provenant de palais. (Türk ve Islam Eserleri Müzesi ; 0212-518 1805 ; www.muze.gov.tr ; Atmeydanı Caddesi 46, Hippodrome ; 50 ₺ ; 9h-17h30 avr-sept, 9h-17h oct-mars mar-dim ; Sultanahmet)

## Mausolées de Sainte-Sophie

TOMBEAUX

3 PLAN P. 52, D5

Sur le site de Sainte-Sophie, mais accessibles via Babıhümayun Caddesi, ces tombeaux sont les dernières demeures de cinq sultans des XVI^e et XVII^e siècles – Mehmet III, Selim II, Murat III, İbrahim I^er et Mustafa I^er –, qui furent enterrés pour la plupart aux côtés de membres de leur famille. À l'intérieur, splendides exemples d'art ottoman – céramiques, calligraphies et peintures ornementales. (Aya Sofya Müzesi Padişah Türbeleri ; 0212-522 1750 ; Babıhümayun Caddesi ; gratuit ; 9h-18h avr-oct, 9h-17h nov-mars ; Sultanahmet)

## Hippodrome

PARC

4 PLAN P. 52, B6

Les empereurs byzantins raffolaient des courses de chars qui se déroulaient l'après-midi dans cette arène rectangulaire à côté du parc Sultanahmet. À son apogée, l'hippodrome était décoré de statues et d'obélisques, dont certains subsistent. Réaménagé ces dernières années, c'est l'un des lieux de rencontre et de promenade les plus appréciés de la ville – en revanche, on ne voit plus l'arène proprement dite. (Atmeydanı ; Atmeydanı Caddesi ; Sultanahmet)

### Petite Sainte-Sophie MOSQUÉE

5 PLAN P. 52, A8

Justinien et son épouse, Théodora, firent édifier cette petite église entre 527 et 536, juste avant Sainte-Sophie. On peut voir leur monogramme sur certains des chapiteaux blancs. Le bâtiment, malgré sa transformation en mosquée au début du XVIe siècle et sa restauration de 2007 qui a masqué de nombreux éléments d'origine, compte parmi les plus belles constructions byzantines de la ville. (Küçük Aya Sofya Camii, église des Saints-Serge-et-Bacchus ; Küçük Ayasofya Caddesi, Küçük Ayasofya ; gratuit ; aube-crépuscule ; Sultanahmet, Çemberlitaş)

### Musée des Mosaïques du Grand Palais MOSAÏQUES

6 PLAN P. 52, C7

Dans les années 1930 et 1950, des archéologues de l'université d'Ankara et de l'université écossaise de Saint Andrews qui effectuaient des fouilles près du bazar de l'Arasta, mirent au jour un superbe pavement en mosaïque représentant des scènes mythologiques et de chasse, datant du début de l'époque byzantine. Restauré entre 1983 et 1997, il est aujourd'hui conservé dans ce musée. (Büyük Saray Mozaikleri Müzesi ; 0212-518 1205 ;

Hippodrome

www.muze.gov.tr ; Torun Sokak ; 30 ₺ ; 9h-17h30 avr-sept, 9h-17h oct-mars ; Sultanahmet)

## Musée du Tapis ARTISANAT

7 PLAN P. 52, D4

Une porte baroque spectaculaire permet d'accéder à ce musée, aménagé dans une ancienne *imaret* (soupe populaire), ajoutée à l'ensemble de Sainte-Sophie au XVIIIe siècle. L'institution offre un excellent aperçu de l'histoire de la fabrication des tapis d'Anatolie. Les tapis présentés, qui proviennent de différentes mosquées à travers le pays, datent du XVIe au XXe siècle. (Halı Müzesi ; 0212-512 6993 ; angle Babıhümayun Caddesi et Soğukçeşme Sokak ; adulte/- 8 ans 10 ₺/gratuit ; 9h-16h mar-dim fin-oct à mi-avr, 9h-17h mi-avr à fin oct ; Sultanahmet, Gülhane)

## Parc Gülhane PARC

8 PLAN P. 52, D2

Dans le passé, le parc Gülhane faisait partie du palais de Topkapı et était accessible uniquement via la cour royale. Désormais, de nombreux habitants viennent pique-niquer sous les arbres, se promener parmi les parterres de fleurs soignés et profiter du point de vue imprenable sur le Bosphore, la mer de Marmara et les îles des Princes depuis la lisière nord-est du parc. Le site est particulièrement beau durant la **fête des tulipes d'İstanbul** (gratuit ; avr), quand des milliers de tulipes s'épanouissent. (Gülhane Parkı ; 7h-22h ; Gülhane)

## Mosquée Sokullu Şehit Mehmet Paşa ÉDIFICE RELIGIEUX

9 PLAN P. 52, A7

Mimar Sinan imagina cette mosquée en 1571, à l'apogée de sa carrière d'architecte. Elle possède une caractéristique inhabituelle puisque la medersa n'est pas un bâtiment indépendant mais fait partie de la mosquée : elle est construite autour de l'avant-cour. Les murs intérieurs et le minbar sont décorés de superbes carreaux d'İznik rouges et bleus – certains des plus beaux jamais réalisés. (Sokullu Mehmet Paşa Camii ; angle Şehit Mehmetpaşa et Özbekler Sokaks, Kadırga ; lever-coucher du soleil ; Sultanahmet, Çemberlitaş)

## Bibliothèque du musée de la Littérature Ahmet Hamdi Tanpınar BIBLIOTHÈQUE

10 PLAN P. 52, C3

Édifié dans le mur d'enceinte du parc Gülhane, l'Alay Köşkü (kiosque des Défilés), datant du XIXe siècle, est un édifice polygonal d'où le sultan assistait aux défilés des troupes et des corporations de métiers commémorant les grandes dates et les victoires militaires. L'intérieur superbement décoré est désormais ouvert au public et abrite un musée de la Littérature et une bibliothèque nommée en l'honneur du romancier et essayiste Ahmet

## Le Grand Palais de Byzance

Constantin le Grand fit édifier le Grand Palais peu après avoir fait de Constantinople la capitale de l'Empire romain, en 330. Chacun des souverains byzantins successifs y laissa sa marque et l'ensemble finit par comporter des centaines d'édifices sur six niveaux. Il abritait entre autres des salles du trône, des salles d'audience, des églises, des chapelles, des stades et des thermes, le tout ceint de murs et disséminé dans des jardins en terrasses s'étalant de l'hippodrome jusqu'à Hagia Sofia (Sainte-Sophie) et couvrant la pente jusqu'aux digues de la mer de Marmara. Le palais fut finalement abandonné après le pillage de la ville lors de la quatrième croisade de 1204, et ses ruines furent remblayées après la Conquête, devenant les fondations d'une grande partie de Sultanahmet et de Cankurtaran. Les mosaïques conservées au musée des Mosaïques du Grand Palais (p. 55) comptent parmi les seules ayant survécu. Pour plus de détails, consultez www.byzantium1200.com : vous découvrirez des images numériques redonnant vie à la Byzance antique.

Hamdi Tanpınar (1901-1962). (Ahmet Hamdi Tanpınar Edebiyat Müze Kütüphanesi ; ☎0212-520 2081 ; ahtem.kutuphane.gov.tr ; parc Gülhane ; gratuit ; 8h30-20h30 lun-sam ; Gülhane)

### Musée d'Histoire des sciences et des technologies dans l'Islam d'İstanbul

SCIENCES ET TECHNOLOGIES

11 PLAN P. 52, D2

Passionnante pour les amateurs de sciences, la visite didactique de ce musée explique que les avancées scientifiques et technologiques du monde musulman ont précédé et grandement influencé celles de l'Europe. La plupart des objets exposés sont des reconstitutions d'instruments et d'outils historiques jadis utilisés par les astronomes, navigateurs et autres savants. (İstanbul İslam Bilim ve Teknoloji Tarihi Müzesi ; ☎0212-528 8065 ; www.muze.gov.tr ; Has Ahırlar Binaları, parc Gülhane ; 18 ₺ ; 9h-17h ; Gülhane)

## Se restaurer

### Bitlisli

ANATOLIEN €

12 PLAN P. 52, B2

Si vous appréciez les saveurs robustes et le piment généreusement dosé, vous aimerez ce restaurant animé de Hocapaşa. Choisissez parmi les mets à base de foie et de viande de kebab, les *pide*

## Histoire de Byzance

Célèbre pour ses empereurs, ses armées, sa culture raffinée et sa politique tortueuse, Byzance a laissé un riche héritage.

### L'Empire romain d'Orient

Selon la tradition, Byzance fut fondée en 667 av. J.-C. par des envahisseurs venus de Mégare, au nord-ouest d'Athènes, conduits par un certain Byzas, fils du roi de Mégare. Une alliance se forma avec les Romains et la ville fut officiellement intégrée à leur empire en l'an 79. À la fin du IIIe siècle, l'empereur Dioclétien (règne 284-305) scinda l'Empire en deux unités administratives : l'une à l'ouest et l'autre à l'est. Ses actions entraînèrent une guerre civile, remportée par un rival, Constantin Ier. Celui-ci fit de Byzance sa capitale en 330 et la baptisa "Nouvelle Rome".

La nouvelle capitale fut bientôt appelée Constantinople. Constantin mourut en 337, mais la ville continua de croître sous le règne des empereurs suivants, et notamment de Théodose Ier ("le Grand" ; 379-395), de Théodose II (408-450) et de Justinien (527-565). Si les Empires d'Orient et d'Occident avaient été séparés après la mort de Théodose Ier, la scission finale avec Rome ne se fit qu'en 620, lorsqu'Héraclius Ier (610-641) remplaça le latin par le grec en tant que langue officielle de l'Empire d'Orient. L'Empire byzantin était né.

### L'Empire byzantin

Chrétien, et plus précisément de confession orthodoxe suite au schisme avec l'Église romaine en 1054, l'Empire affirma durant les huit siècles qui suivirent son indépendance par rapport à Rome. Au fil des dynasties successives, cette puissance économique, culturelle et militaire fut la plus importante d'Europe jusqu'à la conquête par les Seldjoukides (Turcs), en 1071, d'une grande partie de son territoire en Asie Mineure.

En 1204, Constantinople tomba aux mains des soldats de la quatrième croisade. Les influentes familles byzantines s'exilèrent à Nicée et à Épire, et l'Empire fut divisé entre les factions grecques et latines. Récupéré par l'empereur nicéen Michel VIII Paléologue en 1261, il connut une série de guerres civiles et tomba finalement aux mains des Ottomans en 1453, lors de la conquête de Constantinople par Mehmet II (Fatih, ou le Conquérant). Le dernier empereur byzantin, Constantin XI Paléologue, mourut sur les remparts en combattant.

(pizza turque consistante) et les *lahmacun* (galette recouverte d'une farce épicée). Commencez par une délicieuse *sarımsaklı Antep lahmacin* (galette fine et croustillante, 9 ₺). Pas d'alcool. (☎0212-513 77 63 ; www.bitlisli.net ; Hocapaşa Camii Sokak 2b, Sirkeci ; pide 22-28 ₺, kebabs 28-55 ₺ ; 🕑10h30-22h30 ; 🚋Sirkeci)

### Balıkçı Sabahattin POISSON €€€

13 PLAN P. 52, D7

Les gastronomes avertis viennent de toute la Turquie chez Balıkçı Sabahattin pour déguster ses mezze et plats de poisson. Malgré un service parfois revêche, ce restaurant est le plus prestigieux et le meilleur de Sultanahmet. Vous pourrez vous installer dehors sous les arbres (une zone fumeurs, une autre non-fumeurs) ou dans l'ancienne *konak* (maison). (☎0212-458 1824 ; www.balikcisabahattin.com ; Şeyit Hasan Koyu Sokak 1, Cankurtaran ; mezze 15-50 ₺, poisson 60-90 ₺ ; 🕑13h-1h ; 📶 ; 🚋Sultanahmet)

### Emırgan Sutış TURC €€

14 PLAN P. 52, E4

Cette succursale d'une chaîne locale populaire est une excellente adresse pour découvrir la spécialité de Sutış, le délicieux *bal kamak* (crème caillée et miel) à étaler sur un *simit* (petite couronne de pain aux graines de sésame) et à accompagner d'un thé, d'un café ou d'un jus de fruit frais. Les prix sont corrects vu l'emplacement et le jardin est

*Pide* (pizzas turques) et autres plats turcs

très agréable quand il fait beau. (0212-514 9494 ; www.sutis.com.tr ; 1re cour, palais de Topkapı ; sandwichs 31-32 ₺, burgers 43-47 ₺, desserts 19-27 ₺ ; 9h-19h avr à mi-sept, 9h-17h mi-sept à mars ; Sultanahmet)

## Matbah

TURC €€€

15 PLAN P. 52, D4

À İstanbul, de plus en plus de restaurants, dont Matbah, se spécialisent dans la cuisine dite de palais ottoman, avec des plats autrefois mitonnés dans les cuisines royales de Constantinople. Le menu évolue au gré des saisons et annonce des ingrédients inhabituels comme l'oie, la caille, le coing et la mélasse. En été, on peut s'attabler dans le jardin et des concerts sont parfois organisés. (0212-514 6151 ; www.matbahrestaurant.com ; Ottoman Hotel Imperial, Caferiye Sokak 6/1 ; mezze 20-35 ₺, plats 65-98 ₺ ; 12h-22h30 ; ; Sultanahmet)

## Deraliye

TURC €€€

16 PLAN P. 52, B4

Deraliye est l'occasion de goûter des délices comme le kebab d'oie que l'on servait à Soliman le Magnifique ou le ragoût d'agneau préféré de Mehmet II. Les moins aventureux miseront sur les classiques modernes comme les kebabs. Musique live les vendredis et samedis soir. (0212-520 7778 ; www.deraliyerestaurant.com ; Ticarethane Sokak 10, Alemdar ; mezze 21-56 ₺, plats 48-135 ₺ ; 12h-23h ; ; Sultanahmet)

## Sefa Restaurant

TURC €

17 PLAN P. 52, B4

Situé entre Sultanahmet et le Grand Bazar, ce restaurant propre et populaire propose des *hazır yemek* (plats tout prêts) à prix raisonnables. Vous pourrez commander à partir du menu en anglais, mais en cas d'affluence le plus simple est de piocher directement parmi les plats du jour disposés dans un bain-marie. Essayez de venir tôt pour le déjeuner car beaucoup de plats sont épuisés dès 13h30. Pas d'alcool. (0212-520 0670 ; www.sefarestaurant.com.tr ; Nuruosmaniye Caddesi 11, Cağaloğlu ; soupes 7-15 ₺, portions 13-38 ₺ ; 7h-16h30 lun-sam ; ; Sultanahmet)

## Erol Lokantası

TURC €

18 PLAN P. 52, A4

L'une des dernières *lokanta* de Sultanahmet, Erol est autant recommandée pour ses plats que pour son accueil chaleureux. Les plats, conservés dans un bain-marie, sont préparés chaque jour avec des ingrédients de saison par les membres de la famille Erol. Accompagnez-les de riz pilaf ou de boulgour. (0212-511 0322 ; Çatal Çeşme Sokak 3, Alamdar ; soupe 6,50 ₺, portion 12-26 ₺ ; 11h-18h lun-sam ; ; Sultanahmet)

## Gülhane Kandil Kafe

TURC €

19 PLAN P. 52, D2

Au printemps, l'odeur des jacinthes du parc Gülhane flotte

dans ce café, aménagé dans les murs d'enceinte historiques du parc. Un endroit ravissant pour un petit-déjeuner (servi toute la journée), un déjeuner léger ou un thé accompagné de gâteaux l'après-midi. Pas d'alcool. (☎0212-520 2047 ; www.beltur.istanbul ; parc Gülhane ; sandwichs toastés 9,50-14 ₺, petit-déj turc 33 ₺, gâteaux et desserts 9-14 ₺ ; ⏲9h-22h ; ❄ 📶 ; 🚋Gülhane)

## Cooking Alaturka TURC €€€

20 PLAN P. 52, D7

Ce restaurant doublé d'une école de cuisine propose des menus de 4 plats composés de mets traditionnels turcs, de spécialités anatoliennes et de classiques ottomans, notamment l'*imam bayıldı* ("imam évanoui" ; aubergine, oignons, tomates et poivrons confits dans l'huile d'olive), à déguster avec un verre de vin local. (☎0212-458 5919 ; www.cookingalaturka.com ; Akbıyık Caddesi 72a, Cankurtaran ; formule déj ou dîner 130 ₺ ; ⏲déj 13h30-15h et dîner 18h30-21h30 sur réservation lun-sam ; ❄ 📶 🍷 ; 🚋Sultanahmet)

## Başka Şubemiz Yoktur Karadeniz Aile Pide ve Kebap Salonu PIDE €

21 PLAN P. 52, B5

Dans une enclave donnant sur Divan Yolu, cette adresse servant de délicieux kebabs et *pide* (à la mode de la mer Noire – Karadeniz) depuis 1985 est très appréciée des commerçants du quartier. Demandez une table à l'intérieur (les femmes s'installent généralement à l'étage) ou dans la rue pavée. Pas d'alcool. (☎0212-522 9191 ; www.karadenizpide.net ; Hacı Tahsinbey Sokak 7, près de Divan Yolu Caddesi, Alemdar ; pide 16-27 ₺, kebabs 20-59 ₺ ; ⏲6h-23h ; 🚋Sultanahmet)

## Tarihi Sultanahmet Köftecisi Selim Usta KEFTAS €

22 PLAN P. 52, C5

À ne pas confondre avec son voisin le Meşhur Sultanahmet Köftecisi, cet établissement sans prétention situé près de l'arrêt de tramway Sultanahmet est le plus célèbre restaurant de la vieille ville. Il sert des *ızgara köfte* (boulettes de viande grillées) et des salades de haricots depuis 1920, et son succès est tel qu'il y a souvent une file d'attente à l'extérieur. (☎0212-520 0566 ; www.sultanahmetkoftesi.com ; Divan Yolu Caddesi 12 ; keftas 24 ₺, salade de haricots 8 ₺, chorba 7 ₺ ; ⏲10h30-23h ; ❄ ; 🚋Sultanahmet)

## Güvenç Konyalı TURC €€

23 PLAN P. 52, B1

Les spécialités de Konya (Anatolie centrale) sont le point fort de cette adresse chaleureuse, juste en retrait de Hocapaşa Sokak, une rue très prisée pour ses restaurants. Les habitués viennent pour la *bamya çorbaşı* (soupe aigre à l'agneau et aux pois chiches) épicée, l'*etli ekmek* (pain plat garni de viande) et les viandes extra-tendres, cuites

## Hocapaşa Sokak

Si vous êtes à Sirkeci à l'heure du déjeuner, rejoignez les habitants dans cette rue piétonne bordée de restaurants bon marché. Du lundi au samedi, une multitude de *lokantas* sert des *hazır yemek* (plats préparés) et des enseignes vendent des kebabs et keftas à emporter. Parmi ses restaurants emblématiques, Şehzade Cağ Kebabı au n°6, (ci-dessous) et Hocapaşa Pidecisi (ci-dessous) au n°19.

au four à basse température. Pas d'alcool. (0212-527 5220 ; www.guvenckonyali.com.tr ; Hocapaşa Hamam Sokak 4, Sirkeci ; soupes 15 ₺, pide 24-60 ₺, kebabs 22-50 ₺ ; 12h-21h lun-sam ; Sirkeci)

### Şehzade Cağ Kebabı

KEBABS €

24 PLAN P. 52, B1

Cuit sur une broche horizontale, le kebab d'agneau est légèrement grillé, tendre et savoureux. Servi sur du pain *lavaş* et accompagné de citron, il fait bien des émules parmi les habitants. À midi, venez tôt pour obtenir une table en terrasse ou commandez un *dürüm* (wrap) à emporter. Pas d'alcool. (0212-520 3361 ; Hocapaşa Sokak 6/4, Sirkeci ; kebabs 24 ₺ ; 11h-21h30 lun-sam ; Sirkeci)

### Hocapaşa Pidecisi

PIDE €

25 PLAN P. 52, B1

Depuis 1964, cet établissement très prisé sert des *pide* brûlantes, tout juste sorties du four. Accompagnées de pickles, elles peuvent être dégustées sur l'une des tables extérieures ou commandées en *paket* (à emporter). Pas d'alcool. (0212-512 0990 ; www.hocapasa.com.tr ; Hocapaşa Sokak 19, Sirkeci ; pide 20-35 ₺ ; 12h-20h ; Sirkeci)

### Çiğdem Pastanesi

CAFÉ €

26 PLAN P. 52, B5

Installé sur la principale artère entre Sainte-Sophie et le Grand Bazar, le Çiğdem fait saliver les Stambouliotes depuis 1961. Entrez prendre un thé ou un café (cappuccino 17,50 ₺) accompagné de *börek* (feuilletés farcis), de baklavas ou de *tavuk göğsü* (entremets à base de lait, de riz et de blanc de poulet). (Divan Yolu Caddesi 62a, Alemdar ; pâtisseries 2-7,50 ₺, gâteaux 10-20 ₺ ; 7h-23h ; Sultanahmet)

### Hafız Mustafa

CONFISERIES €

27 PLAN P. 52, C5

Filiale d'une chaîne locale bien connue, cette *şekerlemeleri* vend des loukoums, des baklavas, du pudding au lait et des *börek*. (0212-514 9068 ; Divan Yolu Caddesi 14, Alemdar ; baklava 16 ₺ ; 8h-0h ; ; Sultanahmet)

## Prendre un verre

### Derviş Cafe & Restaurant

JARDIN DE THÉ

28 PLAN P. 52, C6

Un emplacement exceptionnel face à la Mosquée bleue, des fauteuils en rotin à l'ombre des arbres, un service efficace et des prix raisonnables font de cet établissement le lieu idéal pour boire un *çay*, un café ou un jus. (angle Dalbastı Sokak et Kabasakal Caddesi ; 24h/24, fermé l'été ; Sultanahmet)

### A'YA Rooftop Lounge

BAR

29 PLAN P. 52, D6

Ouvert les beaux jours d'été, ce bar avec terrasse sur le toit offre une vue d'ensemble de Sainte-Sophie, du hammam Ayasofya Hürrem Sultan et du Bosphore, ainsi qu'une vue partielle de la Mosquée bleue. Ses cocktails, ses mezze et son impressionnant choix de boissons ajoutent à son attrait. L'après-midi, un thé avec gâteaux est servi de 15h à 17h mais la nourriture est décevante. (0212-402 3000 ; www.fourseasons.com/istanbul ; Four Seasons Istanbul at Sultanahmet, Tevkifhane Sokak 1, Cankurtaran ; 17h-23h ; Sultanahmet)

### Red River

PUB

30 PLAN P. 52, C2

Bien placé dans la principale rue piétonnière entre Sultanahmet et Eminönü, ce pub dispose d'une terrasse sur le trottoir

Hafız Mustafa

## Un nom changeant

Le nom İstanbul est probablement une déformation de *"eis ten polin"*, qui signifie "vers la ville" en grec. Bien que les Turcs aient conservé le nom Constantinople après la Conquête, ils se mirent aussi à employer d'autres appellations, dont İstanbul et Dersaadet (ville de la Paix et/ou du Bonheur). C'est au début de la République que la ville fut officiellement baptisée İstanbul par Atatürk.

et d'un intérieur chaleureux où la bière Efes coule à flots. Dans les assiettes, mezze, frites et *fajitas*, entre autres. (☎0212-513 7310 ; www.redriverpub.com ; Hüdavendigar Caddesi 44, Sirkeci ; 🕒8h-1h ; wifi ; 🚋Gülhane)

### Yeşil Ev Cafe

CAFÉ

31 PLAN P. 52, D6

Par beau temps, ce café installé dans un jardin à l'arrière de la Yeşil Ev (Maison Verte), près de la Mosquée bleue et de Sainte-Sophie, est une adresse coquette mais très onéreuse. Passez une ou deux heures à l'ombre d'un arbre et laissez-vous bercer par le murmure de la fontaine avec un thé, un café turc ou un repas. (☎0212-517 6785 ; Hagia Sofia Mansions Hotel, Kabasakal Caddesi 5 ; 🕒7h-23h ; 🚋Sultanahmet)

### Cihannüma

BAR D'HÔTEL

32 PLAN P. 52, C4

Nous ne recommandons pas la cuisine de ce restaurant situé au dernier étage d'un hôtel proche de Sainte-Sophie, mais la vue depuis la terrasse est l'une des plus belles de la vieille ville. (☎0212-512 0207 ; www.cihannumaistanbul.com ; And Hotel, Yerebatan Caddesi 18, Alemdar ; 🕒12h-23h ; 🚋Sultanahmet)

### Kybele Cafe

BAR D'HÔTEL

33 PLAN P. 52, C4

Le café-bar lounge de l'hôtel Kybele, près de la Citerne-Basilique, est saturé de meubles anciens, de tapis aux couleurs riches, de vieilles gravures et de centaines de suspensions en verre coloré qui ornent son plafond. (☎0212-511 7766 ; Yerebatan Caddesi 23, Alemdar ; 🕒9h-23h30 ; wifi ; 🚋Sultanahmet)

### Caferağa Medresesi Çay Bahçesi

JARDIN DE THÉ

34 PLAN P. 52, D4

Par beau temps, il est très agréable de siroter un *çay* ou un jus d'orange frais dans la cour magnifique de cette medersa conçue par Sinan. Située près de Sainte-Sophie et du palais de Topkapı, elle abrite un centre d'artisanat et sert une cuisine toute simple (*tost* 9-10 ₺, soupes 9 ₺) au petit-déjeuner et à midi. (☎0212-513 3601 ; www.tkhv.org ; Soğukkuyu Çıkmazı 5, près de

Caferiye Sokak ; 9h-18h mar-dim ; Sultanahmet)

### Cafe Meşale

JARDIN DE THÉ

35 PLAN P. 52, C6

Si ce café, dans une cour encaissée à l'arrière de la Mosquée bleue, a tout de l'attrape-touristes, il n'en a pas moins du charme. Des générations de voyageurs se sont disputé une place sur ses bancs avec coussins, auprès des habitants, pour un thé (4 ₺) et un narghilé (52 ₺). Le soir, musique turque en live et spectacle de derviches tourneurs. (0212-518 9562 ; www.mesalecafe.net ; bazar de l'Arasta, angle Dalbastı et Torun Sokaks, Cankurtaran ; 24h/24 ; Sultanahmet)

## Sortir

### Centre culturel Hodjapasha

ARTS DU SPECTACLE

36 PLAN P. 52, B1

Occupant un hammam vieux de 550 ans et superbement restauré, ce centre culturel organise un spectacle de derviches tourneurs (1 heure) tous les soirs à 19h (de janvier à mars, mardi, jeudi et samedi uniquement). Les enfants de moins de 6 ans ne sont pas admis et il faut impérativement éteindre son téléphone. (0212-511 4626 ; www.hodjapasha.com ; Hocapaşa Hamamı Sokak 3b, Sirkeci ; spectacles adulte 125-160 ₺, 7-12 ans 90-110 ₺ ; derviches tourneurs 19h, danse traditionnelle 20h30 ; Sirkeci)

Derviches tourneurs au centre culturel Hodjapasha

TIM GRAHAM/ALAMY STOCK PHOTO ©

Mehmet Çetinkaya Gallery

# Shopping

## Mehmet ÇetinkayaGallery TAPIS ET BIJOUX

37 PLAN P. 52, C7

Mehmet Çetinkaya compte parmi les plus grands experts turcs des tapis orientaux et des kilims anciens. L'une de ces deux galeries de la rue Tavukhane Sokak est bâtie sur les ruines d'un ancien temple pourvu de colonnes : on peut les voir sous le sol vitré. Les deux galeries sont remplies d'articles remarquables d'un point de vue artistique et ethnographique, avec notamment des tapis anciens et modernes.

Outre des tapis et un large éventail de textiles, la galerie vend des bijoux conçus par la fille du propriétaire, Zehra, et des vêtements dessinés par le fils, Said. Confectionnés avec des tissus richement brodés et colorés, provenant de pays aussi divers que l'Ouzbékistan et le Japon, ces vêtements sont de toute beauté. Dans le **bazar de l'Arasta** (0212-458 6186 ; Arasta Bazaar 58 ; 9h-20h ; Sultanahmet), une petit succursale vend des textiles et des bijoux. (0212-517 6808, 0212-517 1603 ; www.cetinkayagallery.com ; Tavukhane Sokak 5-7 ; 9h30-19h30 ; Sultanahmet)

## Jennifer's Hamam ACCESSOIRES POUR LA MAISON

38 PLAN P. 52, B7

Ce magasin tenu par une Canadienne vend des articles de qualité, notamment des serviettes, des peignoirs et des *peştemal* (draps de bain) en coton bio et en soie, fabriqués sur des métiers à tisser traditionnels. Pour enfant et adulte. Vous y trouverez un large choix de styles et de couleurs. L'enseigne possède une autre boutique au numéro 135 du **bazar de l'Arasta** (8h30-20h30 avr-oct, 8h30-19h nov-mars ; Sultanahmet). Prix fixes, pas de marchandage. (0212-516 3022 ; www.jennifershamam.com ; Öğül Sokak 20, Küçük Ayasofya ; 8h30-20h30 avr-oct, 8h30-19h nov-mars ; Sultanahmet)

## İznik Classics CÉRAMIQUES

39 PLAN P. 52, D6

L'une des meilleures enseignes de la ville pour trouver des

céramiques de collection peintes à la main. Il y a une autre succursale au Grand Bazar (p. 95). La boutique voisine, au n°13, vend des céramiques de Kütahya. (0212-516 8874 ; www.iznikclassics.com ; Utangaç Sokak 17, Cankurtaran ; 9h-20h, 9h-18h30 l'hiver ; Sultanahmet)

## ATA Textiles

TEXTILES

40 PLAN P. 52, C6

Ceux qui gagneront la côte turque après leur séjour à İstanbul auront peut-être envie d'acheter un peignoir de plage coloré, en coton tissé, dans cette boutique du bazar de l'Arasta ; ils sont disponibles en tailles adulte ou enfant. Également des serviettes et des *peştemals*, tout aussi colorés et attrayants. (0535 924 7309 ; www.atatextiles.com ; Arasta Bazaar 7, Cankurtaran ; 8h30-21h ; Sultanahmet)

## Khaftan

ART, ANTIQUITÉS

41 PLAN P. 52, B7

Icônes russes, calligraphies (anciennes ou modernes), céramiques, marionnettes de *Karagöz* (théâtre d'ombres), gravures ottomanes et peintures contemporaines, exposés dans une jolie boutique. (0212-458 5425 ; Nakilbent Sokak 16 ; 9h-18h30 ; Sultanahmet)

## Nakkaş

TAPIS

42 PLAN P. 52, B7

Nakkaş vend des tapis, des textiles, des céramiques et des bijoux. Sa collection éclectique de plus de 20 000 tapis et kilims comprend des tapis anciens, des pièces tissées à la main et des tapis anatoliens traditionnels. Certains ont même été récompensés pour leur design. Parfois, le personnel invite les clients à découvrir une citerne byzantine restaurée, sous la boutique. (0212-516 5222 ; www.nakkasrug.com ; Nakilbent Sokak 13 ; 9h-19h ; Sultanahmet)

## Antakya İpekçilik

TEXTILES

43 PLAN P. 52, E6

Légèrement à l'écart, ce commerce familial propose des foulards et des châles en soie et coton, tissés à la main à Antakya. (0534-253 3640 ; İshakpaşa Caddesi 20b, Cankurtaran ; 9h30-21h30 ; Sultanahmet)

TERPUCULAR SK.
YapıKredi

Explorer

# Grand Bazar et quartier des bazars

*Parmi les milliers de boutiques des bazars centenaires de ce quartier, on découvre de magnifiques mosquées ottomanes, des hammams et des* çay bahçesis *(jardins de thé) pittoresques. Les Stambouliotes prennent un plaisir certain à se balader dans les rues autour des bazars, où l'énergie et la bonne humeur semblent débordantes et communicatives.*

## Notre sélection

- ***Grand Bazar (p. 70)****. Se perdre dans le labyrinthe de ruelles du plus vieux centre commercial du monde.*
- ***Marché aux Épices (p. 76)****. Faire ses emplettes dans ce marché aux effluves irrésistibles.*
- ***Mosquée de Soliman le Magnifique (p. 74)****. Admirer ce monument ottoman à l'architecture prestigieuse.*
- ***Mosquée de Rüstem Paşa (p. 82)****. S'émerveiller devant cette mosquée de quartier ornée de superbes céramiques.*

## Comment y aller et circuler

M La ligne M2 reliant Yenikapı et Hacıosman s'arrête sur le pont Haliç et à Vezneciler, près du Grand Bazar.

Les liaisons entre Bağcılar/Cevizlıbağ et Kabataş traversent Aksaray, passent par le Grand Bazar, traversent Sultanahmet et descendent la colline jusqu'à Eminönü, où se trouve le marché aux Épices.

Des ferries circulent entre Eminönü et diverses destinations en ville.

Plan du Grand Bazar p. 80

Grand Bazar (p. 70) VINCENT_ST_THOMAS/GETTY IMAGES ©

Les incontournables

## Grand Bazar

*Cœur battant de la vieille ville, ce bazar coloré et chaotique existe depuis plusieurs siècles. À l'origine un petit* bedesten *(entrepôt) voûté construit sur ordre de Mehmet II le Conquérant en 1461, il se développa jusqu'à occuper un vaste secteur : les venelles situées entre le* bedesten, *les commerces voisins et les* hans *(caravansérails) se coiffèrent peu à peu de toits et le marché devint le gigantesque labyrinthe que l'on connaît aujourd'hui.*

PLAN P. 80, F5

Kapalı Çarşı, marché couvert

www.kapalicarsi.org.tr

8h30-19h lun-sam, dernière entrée 18h

Beyazıt Kapalıçarşı

## Explorer le Bazar

Jetez un coup d'œil par les grilles pour découvrir des *hans* dissimulés, explorez les ruelles pour observer des artisans au travail et parcourez les axes principaux pour vous entraîner à distinguer vrais trésors et pièges à touristes. Buvez autant de thé que nécessaire, comparez les prix et essayez-vous à l'art du marchandage. Prévoyez au moins 3 heures sur place ; certains voyageurs y passent 3 jours !

## La porte et la mosquée Nuruosmaniye

Bâtie entre 1748 et 1755, cette mosquée (p. 84) de style baroque ottoman, qui se trouve sur le chemin piétonnier très emprunté allant de la place Cağaloğlu et Nuruosmaniye Caddesi au bazar, est néanmoins très calme. Elle est située en face de la Nuruosmaniye Kapısı, l'une des portes principales du Grand Bazar (la n°1), qui est ornée d'un *tuğra* (monogramme du sultan) doré.

## Kalpakçılar Caddesi

L'artère la plus animée du bazar est bordée de part et d'autre de vitrines chargées de bijoux. Elle doit son nom aux fabricants de *kalpakçılar* (chapeaux de fourrure) qui y avaient jadis leurs échoppes. Aujourd'hui, les bijoutiers ont pris le relais et paient cher leur loyer annuel pour cet emplacement de choix.

## L'İç (intérieur) Bedesten

Ce secteur, également appelé Eski (vieux) Bedesten, est la partie la plus ancienne du bazar. Depuis toujours, on y stocke et vend des biens précieux. Aujourd'hui, on y trouve la plupart des boutiques d'antiquités.

### ★ À savoir

- Beaucoup de restaurants sont installés au sein du Grand Bazar, mais les mets les plus savoureux et les plus économiques du secteur sont vendus dans Kılıççılar Sokak et ses environs, juste à l'extérieur de la porte Kılıççılar.
- Évitez le bazar en fin d'après-midi, quand les axes principaux (Kalpakçılar Caddesi et les deux rues reliées, Sipahi Sokak et Yağlıkçılar Caddesi) peuvent être excessivement bondés.

### ✗ Une petite faim ?

- Pour observer à loisir le ballet des passants en sirotant un verre de *çay*, choisissez une table installée devant Şark Kahvesi (p. 92), dans Yağlıkçılar Caddesi, l'une des rues les plus fréquentées du bazar.
- Pour un déjeuner à table, rendez-vous au Havuzlu Restaurant (p. 90) et faites votre choix parmi les plats du jour présentés dans le bain-marie.

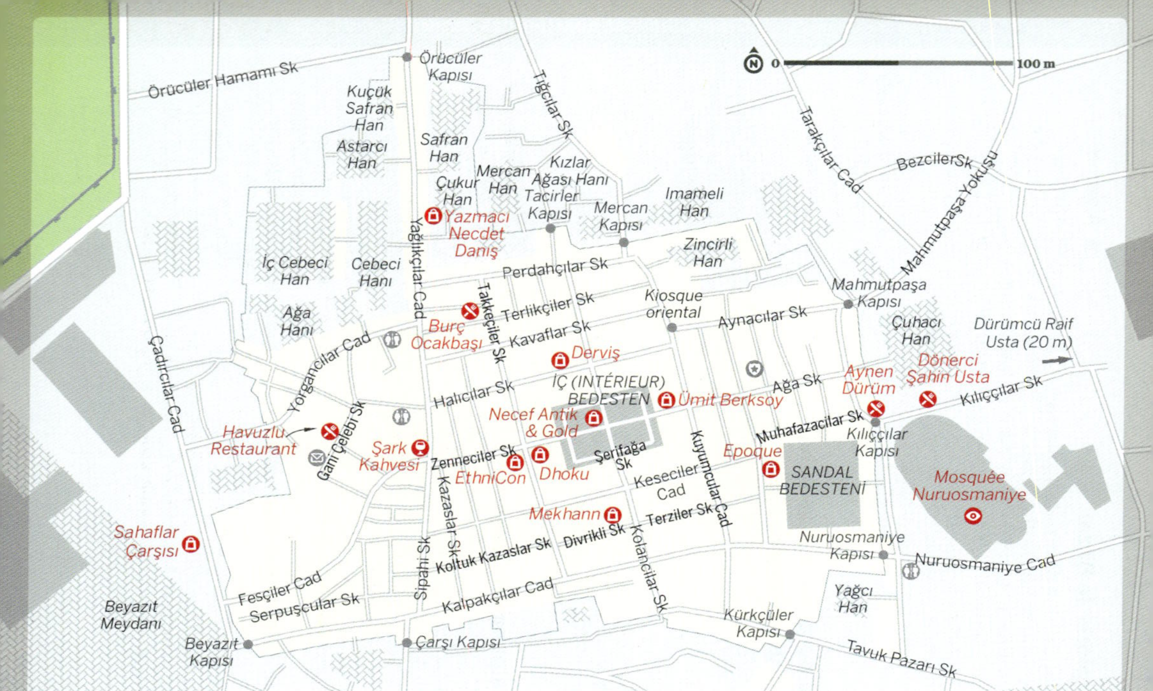

0
100 m
Örücüler Hamamı Sk
Örücüler Kapısı
Küçük Safran Han
Safran Han
Astarcı Han
Tığcılar Sk
Kızlar Ağası Hanı
Mercan Han
Çukur Han
Tacirler Kapısı
Mercan Kapısı
Imameli Han
Tarakçılar Cad
Bezciler Sk
Mahmutpaşa Yokuşu
Yazmacı Necdet Danış
Yağlıkçılar Cad
İç Cebeci Han
Cebeci Hanı
Zincirli Han
Perdahçılar Sk
Takkeçiler Sk
Terlikçiler Sk
Kiosque oriental
Aynacılar Sk
Mahmutpaşa Kapısı
Çuhacı Han
Dürümcü Raif Usta (20 m)
Ağa Hanı
Burç Ocakbaşı
Kavaflar Sk
Derviş
Yorgancılar Cad
Çadırcılar Cad
İÇ (INTÉRIEUR) BEDESTEN
Ümit Berksoy
Ağa Sk
Aynen Dürüm
Dönerci Şahin Usta
Kılıççılar Sk
Halıcılar Sk
Necef Antik & Gold
Muhafazacılar Sk
Kılıççılar Kapısı
Havuzlu Restaurant
Gani Çelebi Sk
Şark Kahvesi
Zenneciler Sk
Şerifağa Sk
Kuyumcular Cad
Epoque
EthniCon
Dhoku
Keseciler Cad
SANDAL BEDESTENİ
Mosquée Nuruosmaniye
Mekhann
Terziler Sk
Sahaflar Çarşısı
Kazaslar Sk
Koltuk Kazaslar Sk
Divrikli Sk
Kolancılar Sk
Nuruosmaniye Kapısı
Nuruosmaniye Cad
Sipahi Sk
Fesçiler Cad
Serpuşçular Sk
Kalpakçılar Cad
Yağcı Han
Beyazıt Meydanı
Kürkçüler Kapısı
Beyazıt Kapısı
Çarşı Kapısı
Tavuk Pazarı Sk

## Halıcılar Sokak

Cette rue photogénique et populaire est jalonnée de boutiques de textiles et d'articles pour le bain, ainsi que de magasins de tapis et de cafés.

## Kuyumcular Caddesi

La rue doit son nom aux *kuyumcular* (bijoutiers) qui sont installés ici depuis toujours. Aujourd'hui, les vendeurs d'articles en argent y sont regroupés. On y trouve aussi une curiosité : une construction en bois du XIXe siècle connue sous le nom de "kiosque oriental". Elle abritait jadis la plus célèbre *muhallebici* (boutique vendant des desserts à base de lait), qui a été remplacée depuis par une bijouterie.

## Le Zincirli Han

Ce joli caravansérail pavé en retrait de Kuyumcular Caddesi doit son nom aux *zincirli* (chaînes) qui étaient autrefois fabriquées ici. On y trouve l'un des marchands de tapis les plus réputés du bazar.

## Takkeçiler Sokak

Cette rue charmante tient son nom des *tekkeçiler* (fabricants de calottes) qui y exerçaient jadis leur métier. Elle est aujourd'hui connue pour ses *sebil* (fontaines publiques) en marbre et ses magasins de kilims (tapis tissés).

## Les boutiques de tissus

Bon nombre des meilleurs vendeurs de textiles d'İstanbul s'égrènent le long du principal axe nord-sud du bazar (formé par Sipahi Sokak et Yağlıkçılar Caddesi) ou à proximité. L'affluence est telle, que l'on se croirait parfois au beau milieu d'une charge de cavalerie (en turc, *sipahi* signifie "soldat de cavalerie"). Toutefois, vous ne regretterez pas d'avoir bravé la foule pour vous rendre dans des boutiques réputées comme Yazmacı Necdet Danış, qui propose une magnifique gamme d'étoffes.

## L'İç Cebeci Han

Il existe de nombreux caravansérails dans le bazar ; celui-ci compte parmi les plus grands. À l'époque ottomane, les marchands de passage venaient y dormir et faire des affaires. Aujourd'hui, il réunit des ateliers d'artisans ainsi qu'un café.

## Sahaflar Çarşısı

On vient acheter des livres et du papier au "marché de vieux livres" depuis l'époque byzantine. Au centre de cette cour ombragée trône un buste d'İbrahim Müteferrika (1674-1745), qui imprima le premier livre en Turquie, en 1732.

Les incontournables

# Mosquée de Soliman le Magnifique

*Commanditée par Soliman Ier, dit le Magnifique, la Süleymaniye fut la quatrième mosquée impériale construite à İstanbul. Elle n'usurpe en rien le qualificatif du grand homme. Perchés au sommet de l'une des sept collines d'İstanbul, la mosquée et les bâtiments de son* külliye *(ensemble architectural) ont été conçus par Mimar Sinan, le plus réputé et le plus talentueux des architectes impériaux, puis construits de 1550 à 1557.*

PLAN P. 80, E2

Professeur Sıddık Sami Onar Caddesi, Süleymaniye

lever-coucher du soleil

M Vezneciler, Eminönü

## Les minarets

Les quatre minarets et leurs dix *şerefe* (balcons) évoquent Soliman, quatrième sultan de la dynastie Osmanlı (ottomane) à gouverner la ville, et le dixième à régner après la fondation de l'Empire.

## L'intérieur

Grâce aux arcs-boutants intégrés dans les murs, l'ensemble paraît "transparent". Il rappelle beaucoup Sainte-Sophie, surtout par sa coupole, presque aussi grande que celle de l'édifice byzantin. Le mihrab est orné de carreaux d'İznik.

## Les tombeaux

À droite (au sud-est) de l'entrée, un cimetière abrite les *türbe* (tombeaux) de Soliman et de son épouse Roxelane (Hürrem Sultan), ornés de céramiques superbes. Celui de Soliman comprend des panneaux incrustés d'ivoire.

## Külliye

Soliman avait précisé que sa mosquée devait abriter des services publics : *imaret* (soupe populaire), medersa, hammam, *darüşşifa* (hôpital), *tabhane* (auberge pour les derviches itinérants), etc. Les bâtiments situés dans Professor Sıddık Sami Onar Caddesi, en face de l'entrée, abritaient jadis trois medersa et une école primaire ; ils sont désormais occupés par la bibliothèque Süleymaniye et par des petits restaurants de *fasulye* (haricots blancs), côté rue. L'*imaret* et la *tabhane* se trouvent à l'extrémité nord-ouest et le *darüşşifa* occupe l'angle de Professor Sıddık Sami Onar Caddesi et Şifahane Sokak. Le hammam, toujours en activité, se situe sur le côté est de la mosquée.

La terrasse du jardin à l'arrière de la mosquée offre une belle vue sur la Corne d'Or et le Bosphore. La rue en dessous possédait une *külliye's arasta* (rangée de boutiques), aménagée dans le mur de soutènement de la terrasse. Non loin était installée une *mülazim* (école primaire).

### ★ À savoir

- Avant d'entrer dans la mosquée, déchaussez-vous ; les femmes doivent se couvrir la tête.
- Pour une superbe vue sur la ville, prenez un verre dans l'un des cafés avec toit-terrasse de Fetva Yokuşu, juste en dessous de la mosquée.
- Les rues voisines sont jalonnées de nombreuses maisons ottomanes en bois. Pour les découvrir, descendez Fetva Yokuşu puis tournez à droite dans Namahrem Sokak puis Ayrancı Sokak.

### ✕ Une petite pause ?

- Les *kuru fasülye* (haricots blancs cuits dans une sauce tomate épicée) de Kuru Fasülyeci Erzincanlı Ali Baba (p. 90), en face de la mosquée, régalent les habitués depuis près d'un siècle.
- Pour goûter la *boza*, l'une des boissons les plus célèbres de la ville, rendez-vous à l'historique Vefa Bozacısı (p. 91).

Les incontournables

# Marché aux Épices

*Des épices aux couleurs éclatantes sont disposées à côtés des loukoums pareils à des bijoux dans ce marché datant de l'époque ottomane, véritable plaisir pour les yeux des milliers de touristes et d'habitants qui s'y rendent chaque jour. Un fabuleux endroit pour faire le plein de souvenirs comestibles, plaisanter avec les marchands et admirer le superbe bâtiment récemment rénové.*

PLAN P. 80, G2

Mısır Çarşısı, Bazar égyptien

0212-513 6597

www.misircarsisi.org

8h-19h30

Eminönü

## L'édifice

Quand il fut construit dans les années 1660, le marché faisait partie du *külliye* (ensemble) de la Nouvelle Mosquée : les loyers des commerces permettaient d'entretenir la mosquée et ses activités caritatives, notamment une école, un hammam et un hôpital. Le nom turc du marché, Mısır Çarşısı (Bazar égyptien), est une référence au fait que le bâtiment fut initialement financé grâce à des taxes prélevées sur des marchandises importées d'Égypte. À son apogée, le bazar était la dernière étape pour les caravanes de dromadaires qui parcouraient la route de la Soie depuis la Chine, l'Inde et la Perse.

## Stands de marchandise

Sur les étals, le choix est varié : épices et herbes séchées, caviar, noix, miel en rayon, loukoums, fruits secs, huiles parfumées et *pestil* (fruits pressés en plaque puis séchés). Parmi les vendeurs réputés figurent **Malatya Pazarı**, connu pour ses abricots et autres fruits secs, et **Mehmet Kalmaz Baharatçı**, un commerce familial spécialiste des infusions, lotions et remèdes à base d'herbes, préparés depuis plus de 50 ans à partir de recettes de l'époque ottomane.

## Rues voisines

Du côté ouest du bazar, des étals en plein air proposent des produits frais provenant de toute l'Anatolie, notamment un fabuleux choix de fromages. On y trouve aussi le plus célèbre fournisseur de café d'İstanbul, **Kurukahveci Mehmet Efendi**, établi depuis plus de 100 ans. Il est installé dans l'angle avec la rue Hasırcılar Caddesi, qui est truffée de boutiques de nourriture, d'épices et de matériel de cuisine.

Les rues situées au sud et à l'est du bazar sont flanquées de commerces vendant des vêtements et des textiles bon marché.

### ★ À savoir

- Les épices et autres produits sont moins chers dans les boutiques autour du bazar (en particulier celles de Hasırcılar Caddesi) que dans le bazar lui-même.
- N'achetez pas de loukoums ici – rendez-vous non loin à Ali Muhıddin Hacı Bekir ou Altan Şekerleme (p. 94), où la qualité est meilleure.

### Une petite pause ?

- Pour de succulents kebabs et un point de vue panoramique, cap sur le Hamdi Restaurant (p. 87), juste à l'ouest du bazar.
- Des en-cas et des jus fraîchement pressés sont vendus dans Hasırcılar Caddesi, du côté ouest du bazar.

Promenade à pied

# La vieille ville ottomane

*À l'époque ottomane, les rues étroites autour de la mosquée de Soliman le Magnifique étaient bordées de maisons en bois construites par de riches marchands, des soldats de haut rang et des dignitaires de la Cour. Cette balade vous emmène à leur découverte, ainsi qu'à celle des monuments historiques, qui sont progressivement restaurés dans le cadre d'un grand projet de rénovation entrepris dans le quartier.*

## Itinéraire

**Départ** Mosquée de Soliman ; Ⓜ Vezneciler

**Arrivée** Marché des Femmes ; Ⓜ Vezneciler

**Distance** 2 km ; 2 heures

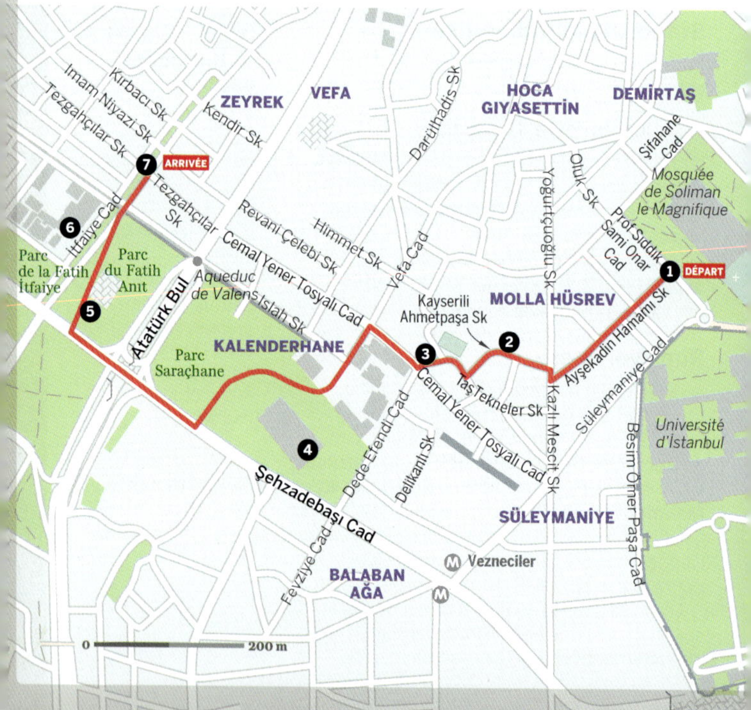

## ❶ Tiryaki Çarşısı

Commencez dans Prof Sıddık Sami Onar Caddesi, la rue qui passe devant la mosquée de Soliman. Autrefois appelée Tiryaki Çarşısı, le "marché des drogués", quand des salons de thé y vendaient de l'opium, elle accueille désormais des *fasulye* (restaurants de haricots).

## ❷ Kayserili Ahmet Paşa Konağı

Descendez l'étroite Ayşekadın Hamamı Sokak (face à l'entrée principale de la mosquée) jusqu'au quartier Molla Hüsrev, qui abrite de jolies maisons en bois construites fin XIXe siècle, pour arriver à cette belle **maison** à trois étages, ancienne résidence d'un ministre de la Marine ottomane.

## ❸ Ekmekçizade Ahmetpaşa Medresesi

Continuez le long de Kayserili Ahmetpaşa Sokak puis tournez à droite : vous passerez devant un terrain de football pour atteindre cette **medersa**, construite entre 1603 et 1617 par le fils d'un boulanger d'Edirne qui avait gravi les échelons de la société ottomane pour devenir *defterdar* (grand trésorier de l'Empire).

## ❹ Mosquée de Şehzade Mehmet

Après la medersa, tournez à droite dans Cemal Yener Tosyalı Caddesi, puis à gauche dans Şehzade Camii Sokak. Vous passerez sous une arche en pierre pour rejoindre l'arrière de cette belle **mosquée**, commandée par Soliman à la mémoire de son fils Mehmet, qui mourut à 22 ans (en 1543) de la variole.

## ❺ Parc de Fatih Anıt

Poursuivez ensuite vers l'ouest. Vous verrez sur votre droite les vestiges du majestueux **aqueduc byzantin de Valens** (p. 84). Traversez alors l'Atatürk Bulvarı, très fréquenté, puis prenez la direction de l'aqueduc à travers le **parc**. En son centre, se dresse une statue équestre de Mehmet le Conquérant (Fatih).

## ❻ Fatih İtfaiye

À la lisière ouest du parc, ce bel édifice néo-ottoman de 1924 fut conçu par Konstantinos Kiriakidis pour les services administratifs des pompiers (*itfaiye*).

## ❼ Marché des Femmes

Passez enfin sous l'aqueduc pour aller au **marché des Femmes** (p. 84), dans İtfaiye Caddesi, un secteur commerçant animé, doté de bons restaurants.

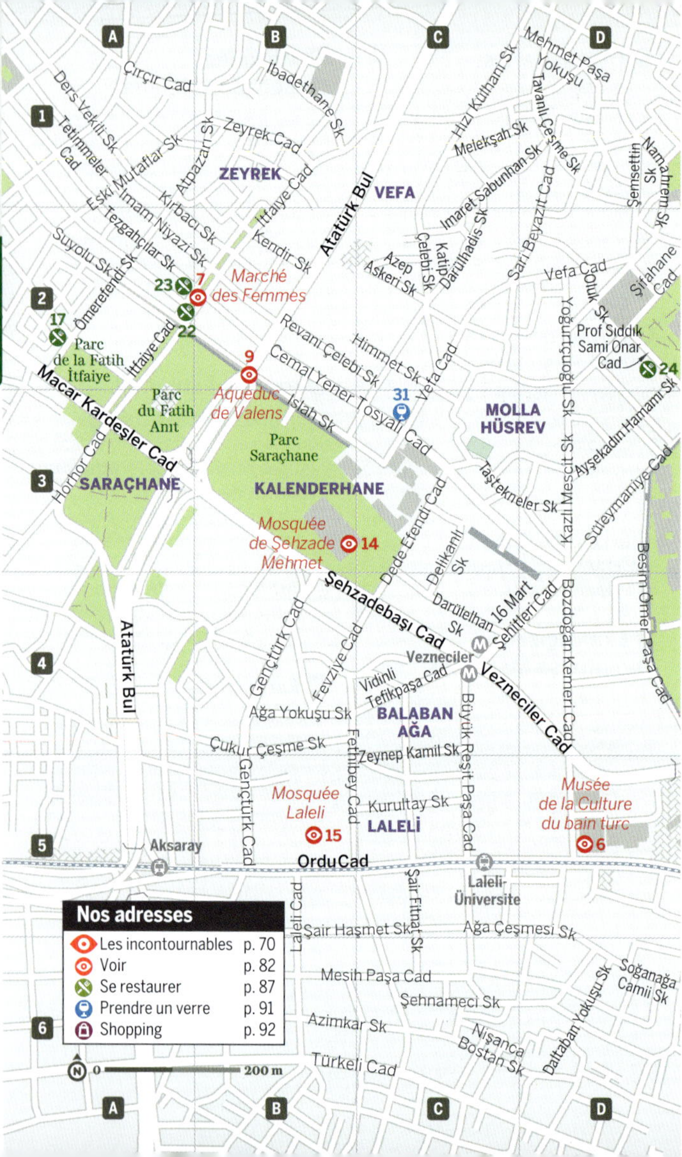
A
B
C
D
1
2
3
4
5
6
ZEYREK
VEFA
MOLLA HÜSREV
SARAÇHANE
KALENDERHANE
BALABAN AĞA
LALELİ
Marché des Femmes
Aqueduc de Valens
Mosquée de Şehzade Mehmet
Mosquée Laleli
Musée de la Culture du bain turc
Parc de la Fatih İtfaiye
Parc du Fatih Anıt
Parc Saraçhane
Prof Sıddık Sami Onar Cad
Atatürk Bul
Macar Kardeşler Cad
Şehzadebaşı Cad
Vezneciler Cad
Ordu Cad
Çırçır Cad
Zeyrek Cad
İbadethane Sk
Ders Vekili Sk
Tetimmeler Cad
Eski Mutaflar Sk
Atpazarı Sk
İmam Niyazi Sk
Kırbacı Sk
Tezgahçılar Sk
İtfaiye Cad
Kendir Sk
Suyolu Sk
Ömerefendi Sk
Revani Çelebi Sk
Cemal Yener Tosyalı Cad
Islah Sk
Himmet Sk
Vefa Cad
Azep Askeri Sk
Çelebi Sk
Katip
Darülhadis Sk
İmaret Sabunhane Sk
Sarı Beyazıt Cad
Hızır Külhanı Sk
Melekşah Sk
Mehmet Paşa Yokuşu
Tavanlı Çeşme Sk
Şemsettin Sk
Namahrem Sk
Vefa Cad
Oluk Sk
Şifahane Cad
Yoğurtçuoğlu Sk
Kazlı Mescit Sk
Ayşekadın Hamamı Sk
Taştekneler Sk
Süleymaniye Cad
Besim Ömer Paşa Cad
Dede Efendi Cad
Delikanlı Sk
Darülelhan Sk
16 Mart Şehitleri Cad
Bozdoğan Kemeri Cad
Horhor Cad
Gençtürk Cad
Fevziye Cad
Vidinli Tefikpaşa Cad
Vezneciler
Ağa Yokuşu Sk
Çukur Çeşme Sk
Fethibey Cad
Zeynep Kamil Sk
Büyük Reşit Paşa Cad
Kurultay Sk
Aksaray
Laleli-Üniversite
Laleli Cad
Şair Fitnat Sk
Şair Haşmet Sk
Ağa Çeşmesi Sk
Mesih Paşa Cad
Şehnameci Sk
Azimkar Sk
Türkeli Cad
Nişanca Bostan Sk
Daltaban Yokuşu Sk
Soğanağa Camii Sk
7
9
14
15
6
17
22
23
24
31
Nos adresses
Les incontournables p. 70
Voir p. 82
Se restaurer p. 87
Prendre un verre p. 91
Shopping p. 92
N
0
200 m

E
F
G
H
1
2
3
4
5
6
Pont de Galata
13
RÜSTEMPAŞA
Ragıp Gümüşpala Cad
Kıble Çeşme Cad
Hayriye Hanım Sk
37
DEMİRTAŞ
28
Fetva Yokuşu
Mimar Sinan Cad
30
Dökmeciler Hamamı Sk
Siyavuşpaşa Sk
Prof Cemil Birsel Cad
Şahande Sk
Mosquée de Rüstem Paşa
2
Kutucular Cad
Uzunçarşı Cad
Tahtakale Cad
Tomruk Sk
Kalçın Sk
16
Marché aux Épices
Yenicami Meydanı Sk
Nouvelle Mosquée
1
3
Hünkâr Kasrı
Resadiye Cad
Eminönü
Tombeau de la sultane Hatice Turhan Validé
4
Yenicamii Cad
Çiçek Pazarı Sk
Hamidiye Cad
41
EMİNÖNÜ
Mosquée de Soliman le Magnifique
TAHTAKALE
Sabuncu Hanı Sk
Şeyhül Islam Hayri Efendi Cad
42
Büyük Postane Cad
Vasif Çınar Cad
Aşir Efendi Cad
Prof Sıddık Sami Onar Cad
Havancı Sk
Nargileci Sk
MERCAN
Alacahamam Cad
Hanimeli Sk
HOBYAR
Cemal Nadir Sk
Université d'İstanbul
Fuat Paşa Cad
Semaver Sk
Çakmakçılar Yokuşu
Çarkçılar Sk
Mahmutpaşa Yokuşu
SURURİ
Tarakçı Cafer Sk
Çeşnici Sk
Hoca Hani Sk
Mercan Cad
Yağlıkçılar Cad
Tığcılar Sk
Tarakçılar Cad
Sultan Mektep Sk
Mengene Sk
Türkocağı Cad
Grand Bazar
39
21
Halıcılar Sk
Bezciler Sk
NURUOSMANİYE
Bibliothèque publique de Beyazıt
Yorgancılar Cad
38
36
35
Kuyumcular Cad
25
19
27
20
Kılıççılar Sk
Tasvir Sk
Şeref Efendi Sk
11
26
32
44
43
33
Nuruosmaniye Cad
Mosquée de Beyazıt
10
Çadırcılar Cad
34
Kalpakçılar Cad
Sk
Mosquée Nuruosmaniye
8
Nuruosmaniye Cad
Türbedar Sk
Bab-ı Ali Cad
Vezir Han Cad
40
18
BEYAZIT
Fesçiler Cad
Çarşıkapı Cad
Bileyciler Sk
Kürkçüler Pazarı Sk
ÇEMBERLİTAŞ
Beyazıt-Kapalı Çarşı
29
Colonne de Constantin
12
DivanYoluCad
Çemberlitaş
Asma Kandil Sk
Yahya Paşa Sk
Dönem Sk
Evkaf Sk
Boyaci Ahmet Sk
Klodfarer Cad
Mithatpaşa Cad
Tiyatro Cad
Tatlı Kuyu Sk
Gedikpaşa Cad
Gedikpaşa Camii Sk
5
Emin Sinan Hamamı Sk
Citerne de Şerefiye
Piyer Loti Cad

# Voir

## Nouvelle Mosquée

ÉDIFICE RELIGIEUX

1 PLAN P. 80, H2

En dépit de son nom, cette mosquée est vieille de 400 ans. Édifiée entre 1597 et 1665, elle rappelle à la fois la Mosquée bleue et celle de Soliman le Magnifique : elle compte une grande avant-cour et une salle de prière carrée surplombée d'une série de demi-coupoles elles-mêmes couronnées d'une coupole plus grande. L'intérieur est décoré d'or, de faïences d'İznik et de marbre sculpté. (Yeni Camii ; Yenicamii Meydanı Sokak, Eminönü ; Eminönü). Lors de notre passage, elle était fermée pour restauration.

## Mosquée de Rüstem Paşa

ÉDIFICE RELIGIEUX

2 PLAN P. 80, F2

Nichée dans le quartier commerçant de Tahtakale, cette petite mosquée a été dessinée en 1560 par Sinan pour Rüstem Paşa, gendre et grand vizir de Soliman. C'est l'un des plus beaux exemples de travail de la céramique et d'architecture ottomane et certains pensent qu'elle servit de prototype à Sinan pour sa plus prestigieuse réalisation, le Selimiye Camii à Edirne. Lors de nos recherches, elle était aussi fermée pour restauration. (Rüstem Paşa Camii ; Hasırcılar Caddesi, Rüstem Paşa ; Eminönü)

## Hünkâr Kasrı

MUSÉE

3 PLAN P. 80, H2

Bâti au-dessus d'un imposant passage voûté relié à la Nouvelle Mosquée, ce petit *kasrı* (pavillon) ou *mahfili* (loge) date de la même période que celle-ci et servait de retraite aux sultans. Composé d'un salon, d'une chambre et de toilettes, il est décoré d'un carrelage d'İznik. On y accède par un escalier très long et large, utilisé par l'İstanbul Ticaret Odası (Chambre de commerce) comme salle d'expositions. (Hünkâr Mahfili ; www.facebook.com/hunkarkasr ; Arpacılar Caddesi 29, Eminönü ; gratuit ; 10h-17h lun-sam pendant les expositions ; Eminönü)

## Tombeau de la sultane Hatice Turhan Validé

TOMBEAU

4 PLAN P. 80, H2

Rouvert en 2019 après dix ans de restauration, ce *türbe* impérial du XVIIe siècle qui fait partie de l'ensemble de la Nouvelle Mosquée est décoré de céramiques d'İznik et d'incrustations en nacre. Il fut commandé par la sultane Turhan Hatice, mère du sultan Mehmet IV. Y reposent la sultane Turhan Hatice, Mehmet IV, Moustafa II, Ahmet III, Mahmoud Ier et Osman III, ainsi que de nombreux princes, princesses et sultanes validé (mère du sultan au pouvoir). (angle Yenicami Meydanı (Bankacılar Sokak) et Yeni Cami Caddesi, Eminönü ; gratuit ; 9h-17h mar-dim ; Eminönü)

## Citerne de Şerefiye

ÉDIFICE HISTORIQUE

5 PLAN P. 80, H6

Quand un édifice des années 1950 fut détruit ici en 2010, les ouvriers firent une découverte souterraine exceptionnelle : une citerne byzantine datant du règne de l'empereur Théodose. Selon les historiens, elle avait été construite entre 428 et 443 et elle était appelée citerne de Constantin ou de Théodose. Elle est désormais restaurée et une passerelle en bois permet d'admirer le socle en marbre recouvert d'eau, le plafond voûté en brique et les 32 imposantes colonnes en marbre (malheureusement gâtées par des bagues métalliques modernes). (0212-568 6080 ; www.serefiyesarnici.istanbul ; Pierre Loti Caddesi 2/1, Binbirdirek ; gratuit ; 9h-19h dim-ven, 9h-15h sam ; Çemberlitaş)

## Musée de la Culture du bain turc

TRADITION

6 PLAN P. 80, D5

Construit sur ordre de la mère de Selim Ier, l'une des épouses de Beyazıt II, ce hammam du début du XVIe siècle, désormais hors d'usage, est l'un des plus grands de la ville. Également appelé Hamam-ı Kebır (Vieux Hammam), cet édifice à plan carré, encore doté de ses sections sous coupole pour hommes et femmes, a été transformé en musée du hammam, avec des expositions expliquant les rituels et pratiques

Tombeau de la sultane Hatice Turhan Validé

## Circuits photographiques

La photographe new-yorkaise Monica Fritz partage bon nombre des secrets de sa ville d'adoption avec les passionnés qui s'inscrivent à ses **Alternative City Tours** (0535 675 6491 ; www.alternativecitytours.com ; circuit groupe de 2/4 pers 125/150 €). Riches en informations culturelles et historiques, les itinéraires les plus prisés conduisent les participants vers des *hans* (caravansérails) dissimulés et des petits passages du Grand Bazar. Vous pourrez aussi grimper sur un toit, façon James Bond dans *Skyfall*.

associés à cette tradition turque très appréciée. (poste 16120 0212-440 0000 ; turkhamamkulturu.istanbul.edu.tr ; Kimyager Derviş Paşa Sokak, Beyazıt ; gratuit ; 9h30-16h mar-dim ; Laleli-Üniversite)

## Marché des Femmes MARCHÉ

7 PLAN P. 80, B2

Derrière l'aqueduc de Valens, à Fatih, le marché des Femmes est idéal pour observer la vie quotidienne des habitants, mais il n'est pas pour les âmes sensibles : des carcasses de moutons fraîchement abattus sont suspendues et les boutiques vendent des têtes de mouton séchées, du fromage *tulum* à l'odeur forte et d'autres produits étonnants. La plupart des commerçants sont originaires de l'Anatolie du Sud-Est – en particulier de Siirt – comme en témoignent les spécialités servies sur ce marché. Ouvert tous les jours mais horaires variables selon les boutiques. (Kadınlar Pazarı ; İtfaiye Caddesi, Zeyrek ; M Vezneciler)

## Mosquée Nuruosmaniye ÉDIFICE RELIGIEUX

8 PLAN P. 80, G5

Face à l'une des principales portes du Grand Bazar, cette vaste mosquée fut édifiée dans le style baroque ottoman entre 1748 et 1755. Sa construction démarra sur ordre de Mahmout Ier et s'acheva durant le règne de son successeur, Osman III. Récemment restaurée, elle se distingue par sa salle de prière centrale coiffée d'un des plus grands dômes jamais construits dans une mosquée ottomane, son arrière-cour polygonale unique et son *külliye* comprenant une medersa, un *imaret*, une *kütüphane* (bibliothèque) et un *türbe*. (Nuruosmaniye Camii, mosquée de la Lumière d'Osman ; Vezir Han Caddesi, Beyazıt ; lever-coucher du soleil ; Çemberlitaş)

## Aqueduc de Valens MONUMENT HISTORIQUE

9 PLAN P. 80, B2

S'élevant majestueusement au-dessus de la circulation dense du boulevard Atatürk, cet aqueduc en pierre calcaire est l'un des monuments emblématiques de la ville. Commandé par l'empereur Valens et achevé en 378, il reliait les troisième et quatrième collines et acheminait l'eau jusqu'à une citerne de Beyazıt Meydanı, avant de terminer sa course au Grand Palais de Byzance. (Atatürk Bulvarı, Zeyrek ; M Vezneciler)

## Mosquée de Beyazıt

ÉDIFICE RELIGIEUX

10 PLAN P. 80, E5

Deuxième mosquée impériale construite à İstanbul (après la Fatih Camii), la Beyazıt Camii fut édifiée entre 1501 et 1506 sur ordre de Beyazıt II, fils de Mehmet le Conquérant. D'un point de vue architectural, elle est un trait d'union entre Sainte-Sophie, qui inspira indéniablement sa forme, et les grandes mosquées comme celles de Soliman, qui sont des adaptations de Sainte-Sophie au culte musulman. Lors de notre passage, elle était fermée en raison de rénovations de grande ampleur. (Beyazıt Camii, mosquée du Sultan Beyazıt II ; Beyazıt Meydanı, Beyazıt ; Beyazıt-Kapalı Çarşı)

## Bibliothèque publique de Beyazıt

BIBLIOTHÈQUE

11 PLAN P. 80, E5

Occupant les anciens *imaret* et *kervansaray* (caravansérail) du *külliye* de la mosquée de Beyazıt, cette bibliothèque a récemment fait l'objet d'une restauration se voulant la plus discrète possible et d'une extension, réalisées par le cabinet d'architectes stambouliote Tabanlıoğlu. L'édifice aux multiples dômes date de 1884 et conserve une remarquable collection de livres rares et une magnifique salle de lecture agrémentée de vitrines en bois renfermant des catalogues à cartes à l'ancienne. (Beyazıt Devlet Kütüphanesi ; 0212-522 3167 ; Turan Emeksiz Sokak 6, Beyazıt ; 8h30-17h lun-ven ; Beyazıt-Kapalı Çarşı)

## Colonne de Constantin

MONUMENT

12 PLAN P. 80, G5

Érigée sur ordre de l'empereur Constantin Ier pour célébrer la désignation de la nouvelle Rome (Constantinople) comme capitale de l'Empire romain en 330, cette colonne est l'un des plus anciens monuments de la ville. Dominant une place envahie par les pigeons, près de l'arrêt de tramway Çemberlitaş, elle faisait jadis partie du grandiose Forum de Constantin et était surmontée d'une statue de l'empereur en Apollon. (Colonne cerclée ; Divan Yolu Caddesi, Çemberlitaş ; Çemberlitaş)

## Pont de Galata

PONT

13 PLAN P. 80, H1

Pour saisir toute la magie d'İstanbul, traversez le pont de Galata au coucher du soleil. La tour de Galata est alors cernée de mouettes, les silhouettes des mosquées des sept collines se détachent sur le ciel rose et l'odeur évocatrice du tabac à la pomme

# L'Empire ottoman

## L'essor d'une dynastie

Au XIIIe siècle, un seigneur de guerre turc, appelé Osman et surnommé Gazi ("combattant de la foi"), hérita d'un petit territoire de son père, également chef de guerre. Ses partisans furent connus sous le nom d'Osmanlıs (Ottomans).

Osman mourut en 1324. La même année, son fils Orhan prit Bursa aux Byzantins ; il en fit sa capitale et s'autoproclama sultan de l'Empire ottoman. La prise de Thessalonique aux Vénitiens en 1387, puis celle du Kosovo aux Serbes en 1389 marquèrent le début de l'expansion ottomane à travers l'Europe. Bientôt, la conquête de la grande ville de Constantinople et le contrôle des voies commerciales terrestres entre l'Europe et l'Asie s'imposèrent comme les buts suprêmes de la dynastie.

En 1451, Mehmet II, alors âgé de 21 ans, devint sultan. Deux ans plus tard, en mai 1453, son armée prenait le contrôle de Constantinople, après être parvenue à faire une brèche dans les puissants remparts de la ville. Ce fut la fin de l'Empire byzantin. Mehmet acquit le titre de Fatih (Conquérant) ; il commença à rebâtir et à repeupler la ville.

À sa mort, en 1481, la reconstruction amorcée fut poursuivie par les sultans suivants, et notamment par Selim Ier (r 1512-1520) et Soliman Ier (r 1520-1566), dit "le Magnifique".

## Le déclin et la chute

Après la mort de Soliman, l'Empire perdit peu à peu de sa puissance. En 1683, la défaite de l'armée ottomane face au Saint-Empire romain germanique lors de la bataille de Vienne marqua la fin de la suprématie militaire et de l'expansion européenne des Ottomans.

Puis l'Empire fut encore affaibli par des sultans incompétents. Il y eut, bien sûr, de rares exceptions, comme Selim III (r 1789-1807) qui tenta, en vain, de moderniser l'armée, et Mahmud II (r 1808-1839), qui y parvint. Au XIXe siècle, les réformes politiques initiées par Mahmud II et poursuivies par Abdülmecit Ier (r 1839-1861) permirent de grandes avancées vers la modernité. Elles ne furent cependant pas suffisantes pour sauver le sultanat, qui fut aboli en 1922. Le dernier sultan des Osmanlıs, Mehmet VI (r 1918-1922), fut expulsé de Turquie à cette période. En 1923, Mustafa Kemal Atatürk devint président de la nouvelle République turque.

s'échappe des cafés à narghilé installés sous le pont. (Galata Köprüsü ; Eminönü, Karaköy)

### Mosquée de Şehzade Mehmet

ÉDIFICE RELIGIEUX

14 PLAN P. 80, B3

Soliman le Magnifique fit ériger cette mosquée entre 1543 et 1548 pour honorer la mémoire de son fils Mehmet, mort de la variole à l'âge de 22 ans. Elle fut la première mosquée d'importance conçue par Mimar Sinan. Entourée d'un jardin, elle possède deux minarets à double balcon et son extérieur est magnifiquement décoré. À l'intérieur, la coupole centrale est soutenue par quatre demi-coupoles.

Parmi les personnalités enterrées dans les tombes ornées de céramique, du côté est de la mosquée, citons le prince Mehmet, ses frères et sœurs et deux des grands vizirs de Soliman : Rüstem Paşa et İbrahim Paşa. D'autres parties du *külliye* ont survécu, notamment une medersa partiellement détruite et une *tabhane* (auberge pour derviches itinérants) désormais utilisée comme laboratoire par le lycée Vefa voisin. (Şehzade Mehmet Camii, mosquée du Prince ; Şehzadebaşı Caddesi, Kalenderhane ; lever-coucher du soleil ; M Vezneciler)

### Mosquée Laleli

ÉDIFICE RELIGIEUX

15 PLAN P. 80, B5

Mosquée impériale de style baroque commandée par le sultan Mustafa III et construite entre 1759 et 1763, la Laleli ("aux Tulipes") Camii se situe tout près du Grand Bazar, dans un secteur de magasins de vêtements. Elle est agrémentée de beaux vitraux et une boutique vendant des produits à base d'huile d'olive occupe désormais son joli *sebil* (kiosque où l'on distribuait jadis de l'eau ou du *sherbet*) au niveau de la rue. (angle Ordu et Fethibey Caddesis, Laleli ; lever-coucher du soleil ; Laleli-Üniversite, Aksaray)

## Se restaurer

### Hamdi Restaurant

KEBAB €€

16 PLAN P. 80, G2

Ce restaurant situé près du marché aux Épices est l'un des plus appréciés des Stambouliotes. Dans les années 1960, Hamdi Arpacı ouvrit ici un modeste stand de kebabs préparés selon les recettes de la ville d'Urfa. Ses sandwichs remportèrent un tel succès qu'il fit rapidement l'acquisition de ce bâtiment, doté d'une terrasse au dernier étage qui dévoile un panorama englobant la vieille ville, la Corne d'Or et Galata. La cuisine est excellente. (0212-444 64 63 ; hamdi.com.tr/home ; Kalçın Sokak 11, Eminönü ; mezze 19-50 ₺, kebabs 52-62 ₺ ; 12h-23h30 ; P ; Eminönü)

### Fatih Damak Pide

PIDE €

17 PLAN P. 80, A2

Le long trajet jusqu'à cette *pideçi* surplombant l'İtfaiye Yanı Park

Karşısı (parc de la caserne des pompiers) près de l'aqueduc de Valens en vaut la peine : vous y mangerez les meilleures *pide* typiques de la mer Noire (Karadeniz). Les repas sont accompagnés de thé (première théière gratuite). (0212-521 5057 ; www.facebook.com/fatihdamakpide ; Büyük Karaman Caddesi 48, Fatih ; pide 18-28 ₺ ; 7h-23h ; M Vezneciler)

## Fes Cafe

CAFÉ **€€**

18 PLAN P. 80, G5

Ce café à l'occidentale proche de Nuruosmaniye Caddesi est idéal pour faire une pause après une matinée à marchander avec les vendeurs du Grand Bazar. Au choix : sandwichs, wraps, salades et soupes. Attenante, la minuscule boutique d'Abdulla propose des serviettes et *peştemels* (draps de bain en coton) d'excellente qualité ainsi que du savon à l'huile d'olive. (0212-526 3070 ; www.facebook.com/cafefes ; Alibaba Türbe Sokak 25-27, Nuruosmaniye ; sandwichs et wraps 15-30 ₺, salades 32-36 ₺ ; 9h-18h lun-sam ; ; Çemberlitaş)

## Dönerci Şahin Usta

KEBAB **€**

19 PLAN P. 80, G4

Si vous demandez à n'importe quel vendeur du Grand Bazar qui fait les meilleurs *döner kebap* dans le secteur, il vous répondra certainement que c'est Şahin Usta ! Vente à emporter uniquement. (0212-526 5297 ; Kılıççılar Sokak 9, Nuruosmaniye ; döner kebap à partir de 15 ₺ ; 11h-15h lun-sam ; Çemberlitaş)

Cuisine de rue au Grand Bazar (p. 90)

KATHARINA13/GETTY IMAGES ©

## Les han ottomans

Les *han* (caravansérails), qui étaient construits par de riches marchands, étaient destinés à permettre aux caravanes de décharger et d'échanger épices, fourrures, soieries, mais aussi esclaves, dans l'enceinte du marché. Ces bâtiments à arcades, à deux ou trois niveaux, étaient répartis autour d'une cour où étaient parqués les animaux. À la différence des caravansérails persans, ils servaient autant pour le stockage et le commerce que pour l'hébergement de courte durée. Présents dans toute la Turquie, les *han* sont nombreux à İstanbul ; ils attestent que la ville était déjà par le passé un haut lieu du commerce. Malheureusement, la plupart sont aujourd'hui délabrés.

### Dürümcü Raif Usta

KEBAB €

20 PLAN P. 80, G4

Les nombreux employés qui officient aux côtés de l'*üsta* (chef cuisinier) témoignent de la popularité de ses *dürüm kebap* d'Adana ou d'Urfa (aux oignons crus et au persil, enveloppés dans du pain lavash). Le premier est épicé, le second ne l'est pas. À accompagner d'un *ayran* (yaourt liquide) ou d'un *şalgam* (jus de navet fermenté). (0212-528 5997 ; Küçük Yıldız Han Sokak 6, Nuruosmaniye ; dürüm kebap 15-26 ₺ ; 11h30-18h lun-sam ; Çemberlitaş)

### Burç Ocakbaşı

KEBAB €

21 PLAN P. 80, F4

L'*üsta* (chef cuisinier) de ce petit établissement veille sur le barbecue, où les morceaux de viande sont cuits à la perfection. Installez-vous sur un tabouret ou demandez un *dürüm kebap* à emporter. Nous recommandons vivement l'*Adana kebap* (épicé) et les excellents *dolması* (aubergines et poivrons farcis avec du riz et des herbes). (Parçacılar Sokak 12, Grand Bazar, près de Yağlıkçılar Caddesi ; kebabs 20-30 ₺, dolması 25 ₺ ; 12h-16h lun-sam ; Beyazıt-Kapalı Çarşı)

### Siirt Şeref Büryan Kebap

ANATOLIEN €

22 PLAN P. 80, A2

Vous aimez découvrir les cuisines régionales ? Alors, foncez dans ce restaurant de quatre étages du marché des Femmes (p. 84), près de l'aqueduc de Valens. Ses deux spécialités, délicieuses, sont des plats typiques de Siirt : le *büryan* (agneau cuit sur les braises d'un puits scellé avec de la terre) et le *perde pilavi* (sorte de tourte au poulet et au riz). (0212-635 8085 ; serefburyan.com.tr ; Itfaiye Caddesi 4, Kadınlar Pazarı, Fatih ; büryan 25 ₺, perde pilavi 22 ₺, kebabs 22-30 ₺ ; 9h30-22h sept à mai, 9h30-minuit juin à août ; P ; M Vezneciler)

## Repas bon marché au Bazar

Le déjeuner est un moment important pour les commerçants, artisans et porteurs travaillant dans le quartier du Bazar. Parmi leurs plats favoris figurent les kebabs (*döner* en particulier) et les *kokoreç* (abats grillés et épicés). Les stands les plus populaires du secteur sont installés dans Kılıççılar Sokak à Nuruosmaniye, près de la porte Kılıççılar du Grand Bazar.

Quand vous commanderez un *döner* ou des *kokoreç* dans un *ekmek* (pain), on vous demandera généralement de choisir entre trois tailles : *çeyrek* (quart de miche), *yarım* (demi-miche) ou *bütün* (miche entière). Le mot *dürüm*, qui signifie enveloppé, est utilisé quand la viande est servie dans un *lavaş*, un pain plat et mince.

### Sur Ocakbaşı — KEBAB €€

23 PLAN P. 80, A2

Regardez la foule déambuler dans le bazar, tout en vous régalant des kebabs et *büryan* de cette adresse prisée du marché des Femmes (p. 84). La place est toujours pleine de Stambouliotes qui font leurs emplettes ou se racontent des potins. (0212-533 8088 ; www.surocakbasi.com ; İtfaiye Caddesi 27, Fatih ; kebabs 27-45 ₺ ; 11h-minuit ; M Vezneciler)

### Kuru Fasülyeci Erzincanlı Ali Baba — TURC €

24 PLAN P. 80, D2

Une clientèle d'habitués fréquente cette institution située en face de la mosquée de Soliman le Magnifique. On y sert du *kuru fasülye* (plat anatolien de haricots blancs dans une sauce tomate épicée) depuis 1924 – un régal lorsqu'il s'accompagne de riz pilaf et de *turşu* (pickles). Juste à côté, un restaurant presque aussi ancien sert la même spécialité. Pas d'alcool. (0212-514 5878 ; www.kurufasulyeci.com ; Professor Sıddık Sami Onar Caddesi 11, Süleymaniye ; haricots, riz pilaf et pickles 30 ₺ ; 8h-21h ; ; M Vezneciler, Eminönü)

### Aynen Dürüm — KEBAB €

25 PLAN P. 80, G5

Cet établissement animé est situé à l'entrée du Grand Bazar, juste après la porte de Kılıççılar, non loin des agents de change. Agrémentez votre viande (nous recommandons le poulet) avec des pickles, des poivrons verts, du persil, du sumac... à disposition. (Muhafazacılar Sokak 29, Grand Bazar ; dürüm kebap 15-18 ₺ ; 7h-18h lun-sam ; Çemberlitaş)

### Havuzlu Restaurant — TURC €€

26 PLAN P. 80, F5

Après une matinée passée dans le Grand Bazar, de nombreux visiteurs choisissent de se poser dans cette célèbre *lokanta*.

Dans une ravissante salle voûtée, le Havuzlu (nom désignant la petite fontaine à l'entrée du restaurant) sert une cuisine simple mais savoureuse à une foule de touristes et de commerçants – venez tôt pour profiter d'une fraîcheur optimale des ingrédients. Boissons sans alcool uniquement. (0212-527 3346 ; www.havuzlurestaurant.com ; Gani Çelebi Sokak 3, Grand Bazar ; portions 26-42 ₺, grillades 42-84 ₺ ; 11h30-17h lun-sam ; ; Beyazıt-Kapalı Çarşı)

### Kokoreççi Erdinç Usta TURC €

27 PLAN P. 80, G4

Les amateurs d'abats viennent ici pour le *kokoreç*, des tripes d'agneau épicées et farcies de ris ou autres abats, assaisonnées de piment rouge et d'origan, enfilées sur des brochettes puis cuites au barbecue et servies dans du pain. (0212-514 6029 ; Kılıççılar Sokak 33, Nuruosmaniye ; kokoreç à partir de 7 ₺ ; 9h-18h lun-sam ; Çemberlitaş)

## Prendre un verre

### Mimar Sinan Teras Cafe CAFÉ

28 PLAN P. 80, E2

La grande terrasse de ce café apprécié des étudiants, dans un bâtiment délabré à l'ombre de la mosquée de Soliman, dévoile une magnifique vue sur la ville. (0212-514 4414 ; Mimar Sinan Han, Fetva Yokuşu 34-35, Süleymaniye ; 10h-minuit ; ; M Vezneciler, Eminönü)

### Erenler Nargile ve Çay Bahçesi JARDIN DE THÉ

29 PLAN P. 80, F5

Ce café à narghilé dans la cour couverte de vigne de la Çorlulu Ali Paşa Medresesi, près du Grand Bazar, est le plus agréable de la vieille ville. Les narghilés coûtent 35 ₺ et s'accompagnent d'un verre de *çay* (thé ; 2,50 ₺) ou d'un *Türk kahve* (café turc ; 7 ₺). (Çorlulu Ali Paşa Medresesi Nargile ve Çay Bahçesi ; Yeniçeriler Caddesi 35, Beyazıt ; 8h30-minuit ; Beyazıt-Kapalı Çarşı)

### Bâb-ı Âli Kahvesi CAFÉ

30 PLAN P. 80, E2

Juste à côté de la mosquée de Soliman, ce café d'étudiants se targue d'un toit-terrasse avec une vue inouïe sur Beyoğlu, la Corne d'Or et le Bosphore. Venez en fin d'après-midi ou le soir pour vous mêler à une foule joyeuse. (0530 977 2104 ; www.facebook.com/BabiAliKahvesi ; Fetva Yokuşu 16, Süleymaniye ; 8h-4h ; M Vezneciler, Eminönü)

### Vefa Bozacısı BAR À BOZA

31 PLAN P. 80, C3

Ce célèbre bar à *boza* a ouvert en 1876. Les habitants s'y pressent toujours pour savourer la boisson à base d'eau, de sucre et de boulgour fermenté. Visqueux et d'une couleur peu avenante, ce breuvage sans alcool, à base d'eau, de sucre et de céréales fermentées, servi recouvert de pois chiches et saupoudré de cannelle, est réputé apporter force et virilité. Il faut parfois un peu de temps avant de l'apprécier. (0212-519 4922 ; www.vefa.com.tr ; 66 Vefa Caddesi, Molla Hüsrev ; boza 5 ₺ ; 8h-minuit ; M Vezneciler)

### Şark Kahvesi CAFÉ

32 PLAN P. 80, F5

Les arches du plafond indiquent que ce lieu faisait autrefois partie d'une rue du bazar. Il y a des années, un *kahveci* (vendeur de café) ingénieux a érigé des murs sur plusieurs côtés et transformé l'endroit en café. Installé dans l'une des principales rues du bazar, il est apprécié des commerçants comme des touristes pour boire un café (turc, expresso ou filtre) ou une boisson fraîche. (café oriental ; 0212-512 1144 ; Yağlıkçılar Caddesi 134, Grand Bazar ; 8h30-19h lun-sam ; Beyazıt-Kapalı Çarşı)

## Shopping

### Epoque ANTIQUITÉS

33 PLAN P. 80, G5

Les vrais amateurs d'antiquités apprécieront cet élégant magasin à l'ancienne situé près de la porte de Nuruosmaniye. Chandeliers et plateaux en argent, étuis à cigarettes en émail, bijoux, montres et un choix d'icônes extraordinaire font partie des articles proposés. Le propriétaire et ses employés se font un plaisir d'accueillir les clients, sans leur forcer la main. (0212-527 7865 ; Sandal Bedesten Sokak 38, Grand Bazar ; 8h30-18h lun-sam ; Beyazıt-Kapalı Çarşı)

### Mekhann TEXTILES

34 PLAN P. 80, F5

Des rouleaux de soie tissée à la main en provenance d'Ouzbékistan, un large choix de châles, ainsi que des couvre-lits et des coussins finement brodés viennent remplir les étagères de ce magasin du Grand Bazar, qui place la barre haut en termes de qualité et de prix. Autre boutique près de l'arrêt de tramway à Tophane. (0212-249 7849 ; www.facebook.com/mekhann ; Divrikli Sokak 49, Grand Bazaar ; 8h30-18h30 lun-sam ; Beyazıt-Kapalı Çarşı)

### Haşimi Mücevherat ART ET ARTISANAT

35 PLAN P. 80, F4

Les boîtes en bois anciennes joliment décorées et les tampons textiles sculptés venus d'Afghanistan sont les plus belles pièces, mais on trouve aussi de jolis bijoux en ambre et argent. (Yorgancılar Caddesi, Grand Bazar ; 9h30-18h lun-sam ; Beyazıt-Kapalı Çarşı)

### Necef Antik & Gold BIJOUX

36 PLAN P. 80, F5

Dans sa minuscule boutique d'İç Bedesten, le propriétaire, Haluk Botasun, confectionne depuis plusieurs décennies de beaux bijoux de style byzantin

## İstanbul dans la littérature

De par son histoire, sa géographie, sa magie, İstanbul exerce de longue date un pouvoir de fascination sur le monde des arts et des lettres.

### İstanbul dans la littérature turque

*Une vie sur le Bosphore* (1950 ; Livre de Poche, 2011), d'İrfan Orga, raconte la jeunesse de l'auteur à İstanbul, qu'il décrit merveilleusement.

Nedim Gürsel, qui se partage entre la France et la Turquie, est l'auteur d'une vingtaine d'ouvrages. Il offre à la cité stambouliote une place de choix dans son œuvre, notamment avec *Le Roman du Conquérant* (1996 ; Points, 2010) et dans *Un long été à Istanbul* (1991 ; Gallimard, coll. Imaginaire, 2007).

Née à Strasbourg en 1971 de parents turcs, la talentueuse écrivaine Elif Shafak entretient un lien fort avec İstanbul. Ses romans *Bonbon Palace* (2008), *La Bâtarde d'Istanbul* (2007), *Trois Filles d'Ève* (2016) et *10 Minutes et 38 secondes dans ce monde étrange* (2019) ont tous pour cadre İstanbul.

Orhan Pamuk, lauréat du prix Nobel de littérature en 2006, a situé l'action de la plupart de ses livres ici, notamment *Le Livre noir* (Folio, 1996), *Mon nom est Rouge* (Folio, 2003), *Istanbul : souvenirs d'une ville* (Folio, 2018) et *Le Musée de l'innocence* (Folio, 2012).

### İstanbul dans la littérature étrangère

Au XIX$^{e}$ siècle, de nombreux écrivains, influencés par le mouvement orientaliste, se sont succédé dans la cité. Parmi eux figurent Chateaubriand (*Itinéraire de Paris à Jérusalem*, 1811), Lamartine (*Voyage en Orient*, 1835 et *Nouveau Voyage en Orient*, 1860), Gérard de Nerval (*Voyage en Orient*, 1851), Flaubert (correspondance, 1850) et Théophile Gautier (*Constantinople*, 1853).

İstanbul occupe une place à part dans l'œuvre de Pierre Loti. Son premier roman, *Aziyadé* (1879, suivi de *Fantôme d'Orient*, 1892), est le récit quasi autobiographique de son impossible et déchirante passion avec une jeune Circassienne rattachée à un harem.
Loti a également signé *Les Désenchantées. Roman des harems turcs contemporains* (1906), *Constantinople fin de siècle*, un recueil de quatre textes écrits plusieurs années après *Aziyadé*, et *Suprêmes Visions d'Orient* (1921).

Aujourd'hui, Daniel Rondeau, écrivain et critique littéraire, marche dans les pas de ces voyageurs d'autrefois. Son récit sobrement intitulé *İstanbul* (Folio, 2004) offre une belle plongée dans la ville, passée et présente.

et ottoman en or à 24 carats. Les boucles d'oreilles et les boutons de manchettes ornés de délicates mosaïques sont particulièrement séduisants. (0212-513 0372 ; necefantik@outlook.com ; Şerifağa Sokak 123, İç Bedesten, Grand Bazar ; 9h-18h lun-sam ; Beyazıt-Kapalı Çarşı)

### Altan Şekerleme CONFISERIE

37 PLAN P. 80, E1

Depuis 1865, les Stambouliotes de tout âge viennent dans cette boutique du Küçük Pazar (Petit Bazar), en contrebas de la mosquée de Soliman, pour les délicieuses sucreries bon marché : loukoums, halva (confiserie à base de graines de sésame) et *akide* (bonbons durs). (0212-522 5909 ; Kıble Çeşme Caddesi 68, Eminönü ; 8h-20h lun-sam, 9h-19h dim ; M Haliç, Eminönü)

### Derviş ARTICLES DE MAISON

38 PLAN P. 80, F4

Ravissants *peştemal* en coton ou en soie, chemisiers traditionnels offerts en dot, savons à l'huile d'olive pure ou bols de hammam anciens. (0212-528 7883 ; www.dervis.com ; Halıcılar Sokak 51, Grand Bazar ; 9h-19h30 lun-sam ; Beyazıt-Kapalı Çarşı)

### Yazmacı Necdet Danış TEXTILES

39 PLAN P. 80, F4

Pour les créateurs de mode et les acheteurs du monde entier de passage à İstanbul, ce vendeur de tissus haut de gamme est incontournable. Les rouleaux de tissus en tout genre occupent tout l'espace, de même que les *peştemal*, les foulards et les vêtements. À côté, Murat Danış fait partie de la même enseigne. (Yağlıkçılar Caddesi 57, Grand Bazar ; 8h30-19h lun-sam ; Beyazıt-Kapalı Çarşı)

### Abdulla TEXTILES

40 PLAN P. 80, G5

Nichée dans un coin du Fes Cafe (p. 88) près du Grand Bazar, cette minuscule boutique propose des serviettes et *peştemels* d'excellente facture et du savon à l'huile d'olive. (0212-526 3070 ; www.abdulla.com/en ; Alibaba Türbe Sokak, Nuruosmaniye ; 9h-18h lun-sam ; Çemberlitaş)

### Ali Muhıddin Hacı Bekir CONFISERIE

41 PLAN P. 80, H2

Pour beaucoup (dont nous sommes), cette boutique tenue par les membres de la même famille depuis plus de 200 ans, est la meilleure de la ville pour acheter des loukoums : *sade* (nature), *cevizli* (noix), *fıstıklı* (pistache), *badem* (amande) ou *roze* (eau de rose). (0212-522 8543 ; www.hacibekir.com.tr ; Hamidiye Caddesi 33, Eminönü ; 8h-20h lun-sam, 9h-20h dim ; Eminönü)

### Vakko İndirim MODE ET ACCESSOIRES

42 PLAN P. 80, H3

Cette boutique de fins de séries de la célèbre enseigne de mode d'İstanbul propose pour une fraction du prix d'origine des vêtements pour hommes et femmes de première qualité – souvent créés et fabriqués en Italie. (Vakko Outlet ; ☎0212-522 8941 ; www.vakko.com ; Sultan Hamamı Caddesi 24, Eminönü ; ⏰10h-18h30 lun-sam ; 🚋Eminönü)

### İznik Classics

CÉRAMIQUES

43 🛍 PLAN P. 80, F5

Cette boutique de céramiques réputée (p. 66) possède une enseigne dans le Grand Bazar. (☎0212-520 2568 ; www.iznikclassics.com ; Şerifağa Sokak 188, İç Bedesten, Grand Bazar ; ⏰8h30-18h30 lun-sam ; 🚋Beyazıt-Kapalı Çarşı)

### Dhoku

TAPIS

44 🛍 PLAN P. 80, F5

Dhoku ("texture") fait partie de la nouvelle génération de marchands de tapis du Grand Bazar, qui vendent des kilims en laine de qualité, aux motifs modernes. **EthniCon** (www.ethnicon.com), juste en face, appartient aux mêmes propriétaires et propose des tapis aux couleurs vives tout aussi séduisants. (☎0212-527 6841 ; www.dhoku.com ; Tekkeçiler Sokak 58-60, Grand Bazar ; ⏰8h30-18h30 lun-sam ; 🚋Beyazıt-Kapalı Çarşı)

Ali Muhıddin Hacı Bekir

Explorer

# Saint-Sauveur-in-Chora et Corne d'Or

*Vitrine de l'incroyable richesse ethnique d'İstanbul, les quartiers occupant les rives de la Corne d'Or (Haliç) sont constellés d'églises byzantines décorées de mosaïques, de mosquées ottomanes, de tekke soufies (loges de derviches), de quelques synagogues et du siège honorifique de l'Église grecque orthodoxe.*

## Notre sélection

- ***Saint-Sauveur-in-Chora (p. 98)***. *Découvrir cette exquise église byzantine, désormais reconvertie en mosquée.*
- ***Eyüp (p. 106)***. *Voguer en ferry jusqu'à la mosquée du sultan Eyüp, l'une des plus importantes destinations de pèlerinage en Turquie.*
- ***Mosquée du sultan Yavuz Selim (p. 106)***. *Explorer les rues autour de cette mosquée historique dans le fascinant quartier de Çarşamba.*
- ***Musée Rahmi M. Koç (p. 106)***. *Faire des expériences interactives dans ce splendide musée des transports, de l'industrie et des communications.*

## Comment y aller et circuler

Le ferry de la Corne d'Or(Haliç) part de Kabataş et s'arrête à Fener (Phanar), Balat, Ayvansaray et Eyüp sur la rive ouest et à Kasimpaşa, Hasköy et Sütluce sur la rive est.

Depuis Eminönü, des liaisons régulières passent par Fener (Phanar), Balat et Avansaray en route pour Eyüp. Du métro Veznecilar, des bus desservent Eyüp via Fatih et Edirnekapı.

Plan de la Corne d'Or p. 104

La Corne d'Or UGURHAN/GETTY IMAGES ©

Les incontournables

# Saint-Sauveur-in-Chora (Kariye Müzesi)

*Niché à l'ombre des murailles monumentales de Théodose II, cet édifice byzantin était jusqu'en 2020 un musée géré par les conservateurs de Sainte-Sophie. Depuis, il a été reconverti en mosquée et ses mosaïques ainsi que ses fresques ont été recouvertes de draps blancs. Renseignez-vous toutefois avant votre visite afin de savoir si c'est toujours le cas.*

PLAN P. 104, B2

Kariye Müzesi

0212-631 9241

www.choramuseum.com

Kariye Camii Sokak 18, Edirnekapı

54 ₺

9h-19h avr-oct, 9h-17h30 nov-mars

lignes n°s 28, 31, 37, 336 d'Eminönü, n°87 de Taksim, Ayvansaray

## Le narthex intérieur

Sous la coupole de droite du narthex intérieur, la Déisis (prière ou supplication en grec) représente le Christ et la Vierge Marie en compagnie de deux donateurs. La coupole elle-même arbore une splendide représentation de Jésus et ses ancêtres (la Généalogie du Christ). Sur la coupole de gauche du narthex, une mosaïque d'une beauté sereine montre Marie et l'Enfant Jésus entourés des ancêtres de la Vierge.

## La nef

Trois mosaïques ornent la nef : une représente le Christ, une autre Marie et l'Enfant Jésus et la troisième la Dormition de la Vierge (Assomption). Cette dernière est au-dessus de la porte d'entrée. L'enfant que tient Jésus symbolise l'âme de Marie.

## Le parecclésion

À droite de la nef, le parecclésion est une chapelle funéraire où reposent le fondateur de l'église, ainsi que ses parents, amis et associés. Il est décoré de fresques sur les thèmes de la mort et de la Résurrection, qui illustrent des scènes de l'Ancien Testament. La remarquable Anastasis (Résurrection) de l'abside montre un Christ puissant tirant Adam et Ève de leurs tombeaux, entouré de rois et de saints.

## Le protecteur de Saint-Sauveur-in-Chora

Théodore Métochite (1270-1332) était logothète, ou contrôleur du Trésor impérial, à la cour d'Andronic II. Il était donc le plus haut dignitaire après l'empereur, qui le nomma *ktetor* (donateur) pour la restauration de Saint-Sauveur-in-Chora. L'une des plus belles mosaïques, située dans le narthex intérieur, au-dessus de la porte de la nef, le montre en train d'offrir l'église au Christ.

### ★ À savoir

- Pour gagner ce secteur de la ville, le mieux est de prendre le ferry *Haliç* (Corne d'Or) jusqu'à Ayvansaray et de gravir la colline à pied.
- Ne manquez pas la visite de la mosquée de la sultane Mihrimah (p. 106), située juste à côté des remparts historiques à Edirnekapı.
- Descendez ensuite la colline jusqu'au secteur de Vodina Caddesi près du rivage de la Corne d'Or pour explorer Balat, ou direction sud le long de Fevzi Paşa Caddesi pour visiter la mosquée de Fatih (p. 107) et la mosquée du sultan Yavuz Selim (p. 106).

### Une petite pause ?

- Goûtez les plats ottomans servis à Asitane (p. 111), un restaurant raffiné au sous-sol d'une demeure ottomane restaurée, juste à côté.
- Descendez la colline jusqu'à Coffee Department (p. 113) ou CookLife (p. 110) pour une dose de caféine.

Promenade à pied

# Escapade à Eyüp

*Aménagé pour servir de monastère à l'époque byzantine, ce quartier situé au bout de la Corne d'Or était à l'origine appelé Kosmidion. Après la Conquête, il fut rebaptisé en l'honneur d'Ebu Eyüp el-Ensari, un compagnon de combat du Prophète, qui fut enterré ici. Cette promenade passe par certains des nombreux monuments historiques du quartier.*

## La promenade

**Départ** Ferry au départ d'Eyüp

**Arrivée** Funiculaire du Pierre Loti Cafe

**Distance et durée** 1 km ; 1 heure

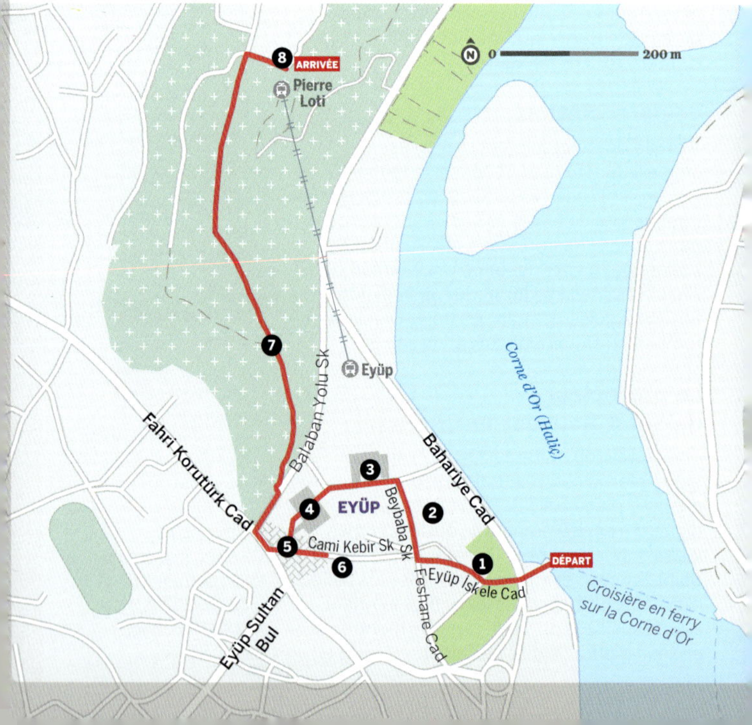

## ❶ Mosquée de Kaptan Paşa

Descendez du ferry à Eyüp. Traversez la rue animée Bahariye Caddesi et entrez dans Eyüp İskele Caddesi ; vous passerez devant la **mosquée du Capitaine**, de forme carrée et construite en 1577. Le nom de la mosquée lui vient de sa rénovation de 1900, qui fut financée par un grand amiral de la marine ottomane.

## ❷ Sultan Reşâd Türbesi

Tournez à droite dans Beybaba Sokak (ou Sultan Reşat Caddesi) pour découvrir ce beau **tombeau**, lieu de sépulture du sultan Mehmet V Reşâd (1844-1918).

## ❸ Külliye de la sultane Mihrişah Validé

Continuez jusqu'au bout de la rue, où vous verrez une jolie *sebil* (fontaine) en marbre, puis tournez à gauche, dépassez la **mosquée**, de style baroque, commandée par la mère du sultan Selim III à la fin du XVIIIe siècle. Son point d'orgue est une superbe *imaret* (l'endroit où l'on distribuait de la nourriture aux pauvres).

## ❹ Mosquée et tombeau du sultan Eyüp

Continuez le long de la rue jusqu'à **la mosquée du sultan Eyüp** (p. 106). Pénétrez dans la cour de la mosquée ; le **tombeau d'Ebu Eyüp el-Ensari** richement orné se trouve sur la droite et la mosquée sur la gauche.

## ❺ Eyüp Meydanı

Sur le côté ouest de la cour de la mosquée, une porte donne sur **Eyüp Meydanı**, une place sur laquelle se rassemblent pèlerins et familles et où des vendeurs de rue proposent des douceurs comme des *macun* (confiserie), des *kağıt helvas* (gaufrettes à la pâte de sésame sucrée), des *kestane* (châtaignes) grillées et des *mısır* (épis de maïs) grillés.

## ❻ Tombeau de Sokullu Mehmet Paşa

À côté de la *meydanı*, ce **tombeau** du XVIe siècle est le lieu de sépulture de Sokullu Mehmet Paşa (vers 1506-1579), un dirigeant ottoman. Assassiné après 14 ans au poste de grand vizir, il fut inhumé à côté de son épouse Ismihan, fille du sultan Selim II.

## ❼ Eyüp Sultan Mezarlığı

De la *meydanı*, tournez à droite dans Balaban Yolu Sokak. Marchez autour de la mosquée (elle doit rester sur votre droite) jusqu'à voir une volée d'escaliers et un chemin pavé gravissant la colline jusqu'au **cimetière du Grand Eyüp**, où sont enterrés beaucoup d'éminents Ottomans.

## ❽ Pierre Loti Cafe

Montez pendant environ 15 minutes pour atteindre votre destination finale, le **Pierre Loti Cafe** (p. 113), d'où vous pourrez contempler la vue panoramique sur la Corne d'Or.

Circuit en bateau

# Croisière en ferry sur la Corne d'Or

*Un ferry fait la navette le long de la Corne d'Or (Haliç), offrant de superbes points de vue sur les mosquées impériales perchées sur les collines de la vieille ville, sur les remparts historiques et sur d'antiques faubourgs comme Phanar, Balat et Ayvansaray. Sur la rive opposée, on peut admirer des mezarlıgıs (cimetières) ottomans et les vestiges des arsenaux et docks ottomans.*

## Infos pratiques

Le ferry part d'Üsküdar toutes les heures de 7h30 à 20h45 et embarque la plupart des passagers en route, à Karaköy. Le trajet dure 55 minutes (40 minutes depuis Karaköy) et les billets coûtent 5 ₺ l'aller (2,60 ₺ avec une İstanbulkart).

## ❶ Kasimpaşa

C'est dans ce quartier que furent aménagés les arsenaux ottomans entre le XVIe et le début du XXe siècle. Certains des édifices d'origine ont survécu et devraient être réhabilités. L'imposant bâtiment à gauche de l'*iskele* (quai du ferry) est le **Bahriye Nezareti** (XIXe siècle), qui abritait jadis le ministère de la Marine.

## ❷ Quatrième et cinquième collines

À l'instar de Rome, Constantinople était réputée pour ses sept collines qui étaient toutes couronnées d'importants édifices religieux. Sur la rive ouest, les quatrième et cinquième collines sont dominées respectivement par la **mosquée de Fatih** (p. 107) et la **mosquée du sultan Yavuz Selim** (p. 106).

## ❸ Mosquée Gül

Près du rivage, cette **mosquée** dotée d'un unique minaret fuselé était au XIe siècle, l'église Sainte-Théodosie. On raconte qu'avant la Conquête, les fidèles remplissaient l'église de pétales de rose (*gül*) en l'honneur de la sainte et priaient pour obtenir son aide contre les Ottomans. Leurs prières furent vaines...

## ❹ Phanar (Fener)

Le ferry traverse jusqu'à la rive opposée puis s'arrête à Phanar, quartier traditionnel de la population grecque d'İstanbul. Sur la colline, le bâtiment en brique rouge surmonté d'une tour coiffée d'une coupole est le **collège grec orthodoxe de Phanar**, fondé avant la Conquête. Il date de 1881 à 1883. Sur la crête au-dessus se dresse la **mosquée du sultan Yavuz Selim**, dédiée au père de Soliman le Magnifique, Selim Ier.

## ❺ Église Saint-Étienne-des Bulgares

Repérez les coupoles dorées de cette **église** (p. 108) de style gothique-Renaissance, construite sur le front de mer en 1871 à partir d'éléments en fonte acheminés par bateau depuis Vienne, sur le Danube et à travers la mer Noire.

## ❻ Hasköy

Après un arrêt à Balat, où vivait jadis une partie importante de la population juive d'İstanbul, le ferry traverse jusqu'à Hasköy, où se trouvait un terrain de chasse impérial à l'époque ottomane. À gauche de l'*iskele*, le **musée Rahmi M. Koç** (p. 106) abrite trains, avions, navires et automobiles. Plusieurs cimetières ottomans couvrent les versants des collines au-dessus de Hasköy.

## ❼ Remparts historiques

Après un bref arrêt à Ayvansaray, où l'on peut voir depuis le rivage les vestiges des **remparts** construits au Ve siècle sur ordre de Théodose II, le ferry continue jusqu'à Sütluce avant d'atteindre sa destination finale, Eyüp.

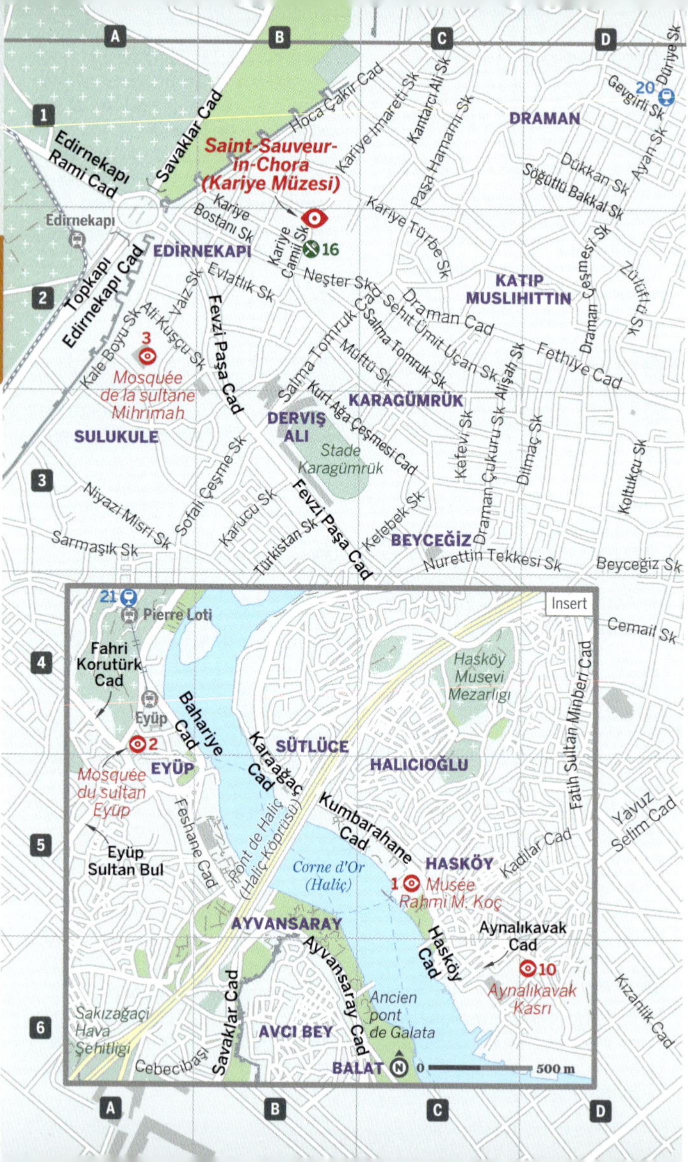
A
B
C
D
1
2
3
4
5
6
Saint-Sauveur-in-Chora (Kariye Müzesi)
16
3
Mosquée de la sultane Mihrimah
20
21
DRAMAN
EDİRNEKAPI
KATIP MUSLIHITTIN
KARAGÜMRÜK
DERVIŞ ALI
SULUKULE
BEYCEĞIZ
Stade Karagümrük
Edirnekapı
Edirnekapı Rami Cad
Savaklar Cad
Hoca Çakır Cad
Kariye İmareti Sk
Kantarcı Ali Sk
Paşa Hamamı Sk
Gevgirli Sk
Düriye Sk
Dükkan Sk
Söğütlü Bakkal Sk
Ayan Sk
Kariye Bostanı Sk
Kariye Camii Sk
Kariye Türbe Sk
Topkapı Edirnekapı Cad
Evlatlık Sk
Neşter Sk
Şehit Ümit Uçan Sk
Draman Cad
Draman Çeşmesi Sk
Zülüflü Sk
Fethiye Cad
Vaiz Sk
Ali Kuşçu Sk
Kale Boyu Sk
Fevzi Paşa Cad
Salma Tomruk Cad
Salma Tomruk Sk
Müftü Sk
Kurt Ağa Çeşmesi Cad
Alişah Sk
Kefevi Sk
Draman Çukuru Sk
Dilmaç Sk
Koltukçu Sk
Sofalı Çeşme Sk
Niyazi Mısri Sk
Sarmaşık Sk
Karucu Sk
Türkistan Sk
Kelebek Sk
Nurettin Tekkesi Sk
Beyceğiz Sk
Cemail Sk
Insert
Pierre Loti
Fahri Korutürk Cad
Eyüp
2
Mosquée du sultan Eyüp
EYÜP
Eyüp Sultan Bul
Bahariye Cad
Karaağaç Cad
SÜTLÜCE
HALICIOĞLU
Hasköy Musevi Mezarlığı
Fatih Sultan Minberi Cad
Yavuz Selim Cad
Kumbarahane Cad
Feshane Cad
Pont de Haliç (Haliç Köprüsü)
Corne d'Or (Haliç)
HASKÖY
Kadılar Cad
1
Musée Rahmi M. Koç
AYVANSARAY
Ayvansaray Cad
Hasköy Cad
Aynalıkavak Cad
10
Aynalıkavak Kasrı
Kızanlık Cad
Savaklar Cad
Ancien pont de Galata
Sakızağaçı Hava Şehitliği
AVCI BEY
Cebecibaşı
BALAT
0
500 m

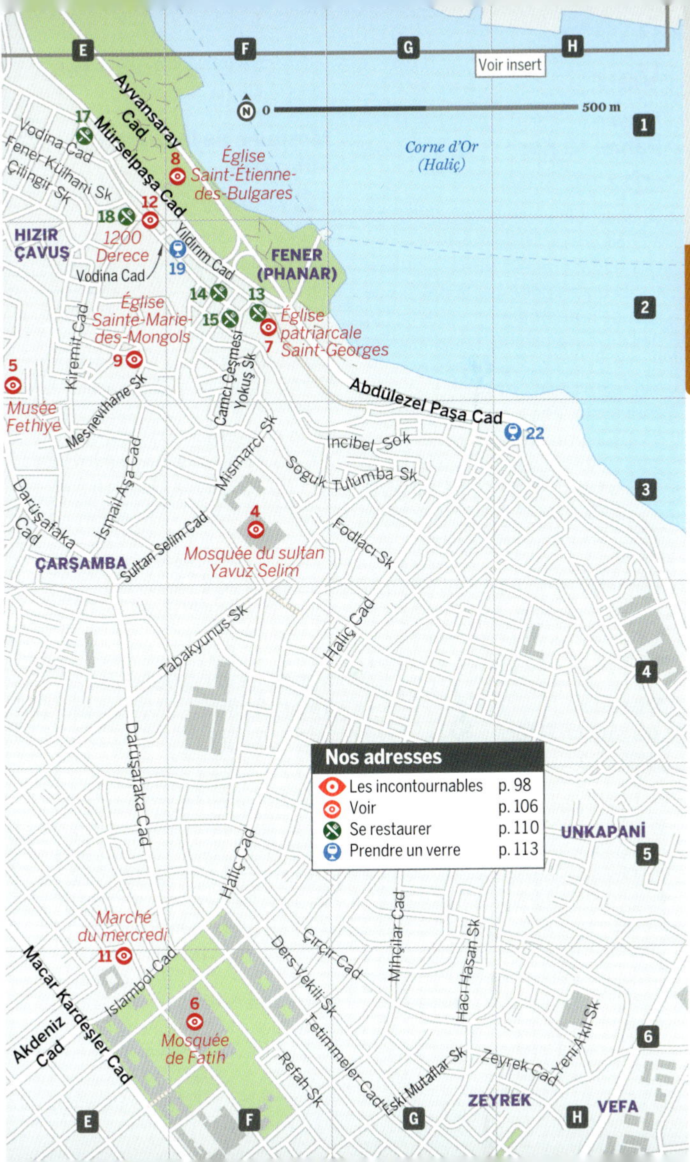
Voir insert
0
500 m
Corne d'Or
(Haliç)
E
F
G
H
1
2
3
4
5
6
Ayvansaray Cad
Mürselpaşa Cad
Vodina Cad
Fener Külhani Sk
Çilingir Sk
17
8
Église Saint-Étienne-des-Bulgares
12
18
HIZIR ÇAVUŞ
1200 Derece
Vodina Cad
19
Yıldırım Cad
FENER (PHANAR)
14
13
15
Église Sainte-Marie-des-Mongols
Église patriarcale Saint-Georges
7
Kiremit Cad
Camcı Çeşmesi Yokuş Sk
9
5
Musée Fethiye
Mesnevihane Sk
Abdülezel Paşa Cad
22
Incibel Sok
Mismarcı Sk
Soğuk Tulumba Sk
Ismail Aşa Cad
Darüşşafaka Cad
4
Mosquée du sultan Yavuz Selim
Sultan Selim Cad
Fodlacı Sk
ÇARŞAMBA
Tabakyunus Sk
Haliç Cad
Darüşşafaka Cad
Nos adresses
Les incontournables p. 98
Voir p. 106
Se restaurer p. 110
Prendre un verre p. 113
UNKAPANI
Haliç Cad
Mihçilar Cad
Hacı Hasan Sk
Marché du mercredi
11
Çırçır Cad
Ders Vekili Sk
Islambol Cad
Macar Kardeşler Cad
Akdeniz Cad
6
Mosquée de Fatih
Tetimmeler Cad
Refah Sk
Eski Mutaflar Sk
Zeyrek Cad
Yeni Akıl Sk
ZEYREK
VEFA

# Voir

## Musée Rahmi M. Koç HISTOIRE

1 PLAN P. 104, C5

Ce splendide musée est dédié à l'histoire des transports, de l'industrie et des communications en Turquie. Fondé par le patron du groupe industriel Koç Holding, l'un des plus importants conglomérats de Turquie, il présente des artefacts liés au passé industriel d'İstanbul. Très interactif, il est particulièrement réjouissant pour ceux qui voyagent avec des enfants. (Rahmi M. Koç Müzesi ; 0212-369 6600 ; www.rmk-museum.org.tr ; Hasköy Caddesi 5, Hasköy ; tarif plein/étudiant musée 28/12 ₺, sous-marin 14/10 ₺, croisière 14/10 ₺ ; 11h-17h mar-dim ; 38T, 54HT depuis Taksim, 47E depuis Eminönü, Hasköy)

## Mosquée du sultan Eyüp ÉDIFICE RELIGIEUX

2 PLAN P. 104, A4

Cet ensemble important marque le lieu de sépulture présumé d'Ebu Eyüp el-Ensari, un ami du Prophète qui tomba au combat à l'extérieur des murs de Constantinople tandis qu'il portait la bannière de l'Islam durant l'attaque arabe et le siège de la ville (674 à 678). Son tombeau est le plus important sanctuaire musulman d'İstanbul. (Eyüp Sultan Camii, mosquée du Grand Eyüp ; Camii Kebir Sokak, Eyüp ; tombeau 9h30-16h30 ; 44B, 48E, 99, 99Y et 399B/C depuis Eminönü, Eyüp)

## Mosquée de la sultane Mihrimah ÉDIFICE RELIGIEUX

3 PLAN P. 104, A2

Le grand architecte Sinan a laissé son empreinte partout dans la ville, et cette mosquée, construite dans les années 1560 à proximité des remparts à Edirnekapı, compte parmi ses plus belles réalisations. Commandée par Mihrimah, la fille préférée de Soliman le Magnifique, elle s'enorgueillit d'un intérieur très vaste et lumineux, agrémenté de délicats vitraux et d'un lustre original évoquant une cage à oiseaux. (Mihrimah Sultan Camii ; Ali Kuşçu Sokak, Edirnekapı ; lever-coucher du soleil ; 28, 31, 37, 336 depuis Eminönü, 87 depuis Taksim, Ayvansaray)

## Mosquée du sultan Yavuz Selim ÉDIFICE RELIGIEUX

4 PLAN P. 104, F3

Cette mosquée est dédiée au père de Soliman le Magnifique, Selim Ier dit le "Terrible", célèbre pour avoir tué deux de ses frères, six de ses neveux et trois de ses propres fils afin d'assurer sa succession et celle de Soliman. Il prépara ainsi le terrain pour la réussite impériale de son fils et aujourd'hui encore les Stambouliotes adorent sa mosquée. (Sultan Selim Camii, mosquée de Yavuz Selim ; Yavuz Selim Caddesi, Çarşamba ; tombeau 9h-17h ; 90, 90B depuis Eminönü)

## Musée Fethiye

MUSÉE

5 PLAN P. 104, E2

Peu après la Conquête, Mehmet le Conquérant se rendit dans cette église du XIIIe siècle pour débattre de questions théologiques avec le patriarche de l'Église orthodoxe. Ils discutèrent dans la chapelle du côté sud, le **parecclesion**, qui est décoré de mosaïques dorées. Fonctionnant comme un musée, cette partie de l'édifice est gérée par Sainte-Sophie ; lors de notre passage, elle était fermée pour restauration, pour une durée indéterminée. (Fethiye Müzesi, église de Pammakaristos ; 0212-635 1273 ; www.muze.gov.tr ; Fethiye Caddesi, Çarşamba ; 10 ₺ ; 99, 99A, 99Y depuis Eminönü, 55T depuis Taksim)

## Mosquée de Fatih

ÉDIFICE RELIGIEUX

6 PLAN P. 104, F6

La Fatih fut la première grande mosquée impériale construite à İstanbul après la Conquête. Mehmet le Conquérant choisit son emplacement en haut de la colline, sur les ruines de l'église des Apôtres, lieu de sépulture de Constantin et d'autres empereurs byzantins. Il décida d'être inhumé au même endroit ; son tombeau, qui se trouve derrière la mosquée, est constamment bondé de fidèles. (Fatih Camii, mosquée de la Conquête ; Fevzi Paşa Caddesi, Fatih ; lever-coucher du soleil ; 31E, 32, 90 depuis Eminönü, 87 depuis Taksim)

Musée Rahmi M. Koç

## Église patriarcale Saint-Georges ÉDIFICE RELIGIEUX

7 PLAN P. 104, F2

Datant de 1836, cette église fait partie de l'ensemble du patriarcat grec (Rum Ortodoks Patrikhanes). À l'intérieur, on découvre des mosaïques byzantines, des reliques religieuses et un trône patriarcal en marqueterie. L'élément le plus notable est une iconostase (cloison) en bois sculpté qui fut restaurée et magnifiquement redorée en 1994. (Saint-Georges du Phanar ; 0212-531 9670 ; www.ec-patr.org ; Sadrazam Ali Paşa Caddesi, Fener ; 8h30-16h30 ; 44B, 48E, 99, 99Y et 399B/C depuis Eminönü, Fener)

### Quartier de Çarşamba

Autour de la mosquée du sultan Yavuz Selim (p. 106), le quartier de Çarşamba est l'une des enclaves les plus conservatrices de la ville. Un peu partout, on peut voir des femmes vêtues de tchadors noirs et des hommes barbus en tenue traditionnelle, se hâtant souvent pour la prière à la mosquée İsmail Ağa, siège de la Nakşibendi Tarikatı, une confrérie soufie.

Juste à côté, en contrebas, l'immense parc était à l'origine une citerne romaine du Ve siècle. On y trouve désormais des terrains de sport, des panneaux de basket et une excellente aire de jeux pour enfants.

## Église Saint-Étienne-des Bulgares ÉDIFICE RELIGIEUX

8 PLAN P. 104, F1

Surnommé "l'église de Fer", ce singulier édifice de style gothique-Renaissance, au bord de la Corne d'Or, est doté d'un intérieur de toute beauté, avec des cloisons en fer rehaussées de dorures, un balcon et des colonnes étincelant dans la pâle lumière qui traverse les vitraux. Après des restaurations importantes achevées en 2018, l'église semble prête à défier le passage des siècles. (Sveti Stefan ; Mürselpaşa Caddesi 10, Balat ; 10h-17h ; 44B, 48E, 99, 99Y et 399B/C depuis Eminönü, Balat, Fener)

## Église Sainte-Marie-des-Mongols ÉDIFICE RELIGIEUX

9 PLAN P. 104, E2

Consacrée au XIIIe siècle et sauvée d'une conversion en mosquée par un décret personnel de Mehmet le Conquérant, c'est la seule église d'İstanbul à être restée aux mains des Grecs depuis l'époque byzantine. Elle doit son nom à la princesse Maria Paléologue, une fille illégitime de l'empereur Michel VIII Paléologue. (église de Theotokos Panaghiotissa, Kanlı Kilise ; Tevkii Cafer Mektebi Sokak 1, Balat ; 9h-17h sam-dim ; 44B, 48E, 99, 99Y et 399B/C depuis Eminönü)

## Le patriarcat œcuménique de Constantinople

Siège honorifique de l'Église grecque orthodoxe, le patriarcat fut établi à İstanbul en 330. Il abrite le patriarche œcuménique, chef religieux des orthodoxes de Turquie du Nord-Ouest, ainsi que de Grèce du Nord, de l'Est et du Sud. Il est officiellement désigné sous l'appellation de patriarche grec de Phanar (Fener Rum Patriği).

Au fil des siècles, le patriarcat a eu pour base plusieurs églises, notamment Sainte-Irène (Hagia Eirene, Aya İrini ; 272-398), Sainte-Sophie (Hagia Sofya, Aya Sofya ; 398-1453) et l'église de Pammakaristos (musée Fethiye ; 1456-1587). Son établissement actuel à la lisière entre Phanar et Balat remonte à 1601. Il se compose de plusieurs bâtiments, dont l'église patriarcale Saint-Georges (XIXe siècle), qui renferme de nombreux artefacts.

### Aynalıkavak Kasrı — INSTRUMENTS DE MUSIQUE

10 PLAN P. 104, D6

Richement décoré, ce pavillon de chasse impérial du XVIIIe siècle est sis dans un joli jardin et conserve une collection d'instruments de musique turcs historiques. Agréable café sur place. (Pavillon Aynalıkavak ; 0212-256 9750 ; www.millisaraylar.gov.tr ; Aynalıkavak Caddesi, Hasköy ; tarif plein/étudiant 20/5 ₺ ; 9h-16h30 mar-dim ; 47, 47E, 47N depuis Eminönü, 36T, 54K, 54HT depuis Taksim, Hasköy)

### Marché du mercredi — PRODUITS DIVERS

11 PLAN P. 104, E6

Très animé, ce marché hebdomadaire rassemble des vendeurs de nourriture, de vêtements et d'articles pour la maison. Il se tient dans les rues derrière et au nord de la mosquée Fatih (p. 107). (Fatih Pazarı ; Fatih ; 8h-15h mer ; 31E, 32, 90 depuis Eminönü, 87 depuis Taksim)

### 1200 Derece — ART ET ARTISANAT

12 PLAN P. 104, E1

Le nom de ce lieu à la fois café et atelier signifie "1 200 Degrés", la température à laquelle doivent être chauffés les matériaux bruts avant de pouvoir souffler le verre. Les aspirants souffleurs peuvent prendre un café puis assister à une courte séance pour créer des perles de verre (25 ₺). Également des ateliers d'une heure (135 ₺) ou d'une journée (540 ₺). Il est aussi possible de commander un café et un gâteau tout en observant les ateliers en cours, puis de jeter un coup d'œil aux créations proposées à la vente. (0549 300 1200, 0537 501 7708 ; www.1200derece.com ; Vodina Caddesi 60a, Balat ; cours 135-540 ₺ ; 10h-21h ; Balat)

## Balat et Phanar

Sur la rive ouest de la Corne d'Or, les quartiers historiques siamois de Balat et Phanar (Fener) furent longtemps des secteurs résidentiels de classes ouvrières. Ces dernières années, ils se sont transformés en deux des enclaves les plus bohèmes et photogéniques de la ville. Les axes principaux, Vodina Caddesi et Yıldırım Caddesi, sont jalonnés de cafés, restaurants, ateliers et boutiques modernes, particulièrement fréquentés le week-end, quand les Stambouliotes viennent passer du bon temps et admirer les maisons en bois aux couleurs vives de l'époque ottomane qui flanquent les rues pavées. Venez en ferry, en bus ou avec la nouvelle ligne de tramway Eminönü-Eyüp, qui devrait être inaugurée en 2020-2021.

# Se restaurer

### Primi

ITALIEN €€

13 PLAN P. 104, F2

L'ambiance est décontractée mais la nourriture est soignée. Le petit-déjeuner est turc (et très bon) mais d'autres plats sont résolument italiens, par exemple les pâtes maison (carbonara, pesto ou raviolini aux artichauts), les aubergines à la parmesane et les salades (délicieuse *caprese* aux tomates et à la burrata). Pas d'alcool. (0549 805 4545 ; www.primibalat.com ; Yıldırım Caddesi 23, Balat ; petit-déj 42 ₺, salades 14-29 ₺, pâtes 23-37 ₺ ; 8h30-22h jeu-mar ; ; 44B, 48E, 99, 99Y et 399B/C depuis Eminönü, Fener)

### CookLife

CAFÉ €€

14 PLAN P. 104, F2

Dans ce bel établissement de Balat, un quartier qui concentre de nombreux cafés branchés, on peut déguster certaines des meilleures boissons caféinées de la Corne d'Or. Également des plats bien exécutés : purée d'avocat, burgers, pâtes, bols d'acai et de matcha. Le café provient du spécialiste Kimma Coffee Roasters et différentes techniques sont utilisées : expresso, Chemex et Aeropress. (0212-982 1578 ; www.cooklife.com ; Akçin Sokak 3, angle Vodina Caddesi, Balat ; plats petit-déj 14-35 ₺, pâtes 26-34 ₺, burgers 35-45 ₺ ; 9h-19h mar-dim ; ; 44B, 48E, 99, 99Y et 399B/C depuis Eminönü, Fener)

### Forno

TURC €€

15 PLAN P. 104, F2

Dans un espace lumineux et informel dominé par une longue table de cuisine, Forno sert de délicieuses *pide*, pizzas et *lahmacun* (galette garnie d'une farce épicée). Le week-end, le buffet du petit-déjeuner (54 ₺) est on ne peut plus appétissant : montagnes de pains, mini-kebabs aux légumes, soufflé aux abricots bio et gâteau au chocolat glacé. (0212-521 2900 ; www.fornobalat.com ; Fener Kireçhane Sokak 13a, Balat ; pide et pizzas 26-34 ₺, assiette petit-déj 40 ₺ ; 10h-21h mar-ven, 10h-21h30 sam-dim ; ; 44B, 48E, 99, 99Y et 399B/C depuis Eminönü, Fener)

## Asitane

TURC **€€€**

**16** PLAN P. 104, B2

À côté du musée Kariye (Saint-Sauveur-in-Chora), cet élégant restaurant sert des plats ottomans imaginés dans les cuisines des palais de Topkapı, Edirne et Dolmabahçe. Depuis des années, les chefs expérimentent des recettes historiques et la carte est truffée de propositions qui tenteront les gourmets les plus modernes, y compris les végétariens. (0212-635 7997 ; www.asitanerestaurant.com/ ; Kariye Oteli, Kariye Camii Sokak 6, Edirnekapı ; mezze 30-48 ₺, plats 54-69 ₺ ; 12h-22h30 ; ; 28, 31, 37, 336 depuis Eminönü, 87 depuis Taksim, Ayvansaray)

## Köfteci Arnavut

KÖFTE **€**

**17** PLAN P. 104, E1

Sans enseigne et sans prétention, cette célèbre *köftecisi* a ouvert ses portes en 1947. Elle est réputée pour ses *köfte* (boulettes de viande) et son *işkembe çorbaşı* (soupe aux tripes). Repérez l'édifice délabré en brique rouge, avec des fenêtres en bois blanc au rez-de-chaussée. Pas d'alcool – commandez un *ayran* (boisson salée au yaourt) ou un *şalgam*

Köfteci Arnavut

PETER EASTLAND/ALAMY STOCK PHOTO ©

## Les Juifs d'İstanbul

L'histoire des Juifs d'İstanbul est longue. Les Seldjoukides (1077-1308) leur accordèrent la liberté de religion et de culte en Anatolie, mais ils ne furent pas traités aussi généreusement par les Byzantins à Constantinople. Nombre d'entre eux virent alors les Ottomans comme des sauveurs, notamment lorsque Mehmet II fit l'offre suivante aux Juifs qui avaient fui l'Espagne en 1492 : "Dieu m'a octroyé de nombreuses terres et m'a ordonné de prendre soin de la dynastie de ses serviteurs, Abraham et Jacob... Qui, parmi vous, et avec le consentement de Dieu, désire s'établir à Constantinople, vivre en paix à l'ombre des figuiers et des vignes, faire librement du commerce et acquérir des biens ?" À la fin de l'Empire ottoman, des dizaines de milliers de Juifs résidaient dans la ville (outre une importante communauté à Galata, on en comptait 10 000 dans le seul quartier de Balat au début du XX$^{e}$ siècle et presque autant à Hasköy).

Malheureusement, cette vision éclairée ne résista pas au passage des siècles. Les Juifs de Turquie furent particulièrement visés par l'"impôt sur la fortune", instauré en 1942. De nombreux membres de cette communauté émigrèrent vers le nouvel État d'Israël entre 1947 et 1949, puis des violences contre les Juifs et d'autres minorités incitèrent encore des familles à fuir le pays dans les années 1950. Plus récemment, des terroristes ont visé à plusieurs reprises des synagogues, notamment la Neve Shalom de Beyoğlu et la synagogue Beit Israël de Şişli, le 15 novembre 2003. Vingt-quatre personnes (6 de confession juive et 18 de confession musulmane) ont péri lors de ces attentats à la voiture piégée.

Quelque 17 000 Juifs vivent actuellement en Turquie, dont 16 000 à Istanbul. Environ 96% sont des Séfarades. La ville compte 19 synagogues en activité. Vous en trouverez la liste, ainsi que des informations relatives aux modalités de visite, sur www.jewish-europe.net/turkey/en/synagogue. Pour visiter les synagogues historiques et désormais désacralisées de la ville, contactez le grand-rabbinat (tjc@tjcomm.org).

(jus de navet fermenté). (☎0212-531 6652 ; Yıldırım Caddesi 139, Balat ; köfte 15-19 ₺, piyaz 4 ₺, işkembe çorbaşı 14 ₺ ; ⏰730-16h30 lun-sam ; 🚌44B, 48E, 99, 99Y et 399B/C depuis Eminönü, ⛴Balat)

**Evin Pasta & Börek Salonu** BOULANGERIE **€**

**18** PLAN P. 104, E1

Arrêtez-vous dans cette boulangerie de quartier pour

un rapide déjeuner composé de *börek* (feuilleté) à la viande ou au fromage et d'un gâteau ou d'un dessert turc. (Vodina Caddesi 47a, Balat ; börek 12 ₺ ; 9h-18h ; 44B, 48E, 99, 99Y et 399B/C depuis Eminönü, Balat)

# Prendre un verre

## By Harve

CAFÉ

19 PLAN P. 104, F2

Selon nous, la meilleure *limonata* de la ville. Avec ses coquettes nappes à carreaux rouges et blancs, ce joli café est un excellent endroit pour savourer une limonade, (café turc et thé également proposés), un petit-déjeuner turc, un gâteau ou un dessert. (Vodina Caddesi 40, Balat ; 8h-20h ; ; 44B, 48E, 99, 99Y et 399B/C depuis Eminönü, Fener)

## Coffee Department

CAFÉ

20 PLAN P. 104, D1

Les grains torréfiés sur place sont combinés à des techniques diverses : expresso, infusion à froid, cafetière à piston, Chemex et Aeropress. L'intérieur est sobre mais stylé et l'atmosphère chaleureuse. Excellents gâteaux également. (0532 441 6663 ; www.coffeedepartment.co ; Kürçü Çeşmesi Sokak 5a, Balat ; 8h-17h30 lun-ven, 9h-19h sam-dim ; 44B, 48E, 99, 99Y et 399B/C depuis Eminönü, Balat)

## Pierre Loti Cafe

CAFÉ

21 PLAN P. 104, A4

Beaucoup de visiteurs se rendent dans ce café, au sommet de la colline, après avoir visité la mosquée du sultan Eyüp (p. 106). Baptisé d'après le célèbre romancier français qui dit-on, venait y chercher l'inspiration, il offre une vue imprenable sur la Corne d'Or. Le week-end, les habitants apprécient un moment de détente autour d'un thé, d'un café ou d'une glace à petit prix. Le **funiculaire** (aller 5 ₺, tarif réduit avec l'İstanbulkart ; 8h-22h) menant au café part juste à côté de la mosquée. (Gümüşsuyu Balmumcu Sokak 1, Eyüp ; 8h-minuit ; 44B, 48E, 99, 99Y et 399B/C depuis Eminönü, Eyüp)

## Atölye Kafası

CAFÉ

22 PLAN P. 104, H3

Trinquez, grignotez et bavardez parmi les chaises en bois colorés, les paniers, les roues de charrette et autres éléments de décoration artisanaux de ce café-boutique original, installé au bord de la route longeant la Corne d'Or. C'est l'un des seuls endroits du secteur qui pourrait s'apparenter à un établissement nocturne et des concerts sont organisés plusieurs fois par mois sur la petite scène, mais on n'y sert pas d'alcool. (0532-274 2608 ; www.atolyekafasi.com ; Abdülezelpaşa Caddesi 75d, Ayakapı ; 10h-minuit lun-ven, 10h-0h30 sam-dim ; 44B, 48E, 99, 99Y et 399B/C depuis Eminönü, Fener)

Erikli

Explorer

# İstiklal Caddesi et Beyoğlu

*Voici le cœur de l'İstanbul moderne. Le district de Beyoğlu, qui s'étire autour de la grande artère d'İstiklal Caddesi, englobe des secteurs résidentiels bohèmes, tel Çukurcumaet Cihangir ; des hauts lieux de la vie nocturne comme Asmalımescit ; et des enclaves historiquement riches, à l'instar de Galata et Karaköy.*

## Notre sélection

- ***Musée de Péra (p. 118)***. *Découvrir une extraordinaire collection d'art orientaliste turc.*
- ***İstanbul Modern (p. 124)***. *Visiter des expositions d'éminents artistes nationaux et internationaux, mêlant des techniques variées.*
- ***Musée de l'Innocence (p. 124)***. *Se replonger dans le passé dans ce musée empreint de nostalgie, fondé par Orhan Pamuk.*
- ***İstiklal Caddesi (p. 116)***. *Se balader le long de ce célèbre boulevard avec des Stambouliotes de tous âges.*

## Comment y aller et circuler

Tram : Des tramways relient Kabataş, Karaköy et Tophane à la vieille ville.

Funiculaire : Des funiculaires relient Karaköy à Tünel et Kabataş à Taksim.

M : Liaisons de Taksim à la vieille ville via Şişhane, Haliç et Vezneciler.

Bus : Correspondances à Taksim et Kabataş.

Bateau : *İskeles* (quais) à Karaköy et Kabataş.

**Plan de Beyoğlu p. 122**

Çiçek Pasajı (p. 117) ALEX SEGRE/ALAMY STOCK PHOTO ©

Les incontournables

# İstiklal Caddesi

*Jadis appelé Grand-Rue de Péra puis rebaptisé İstiklal (Indépendance) dans les premières années de la République, le principal boulevard de Beyoğlu vous fera passer d'une minute à l'autre de la modernité à la tradition. Long axe piétonnier jalonné de beaux édifices du XIXe siècle, il peut très justement être qualifié de cœur symbolique de la ville moderne.*

PLAN P. 122, C2

Avenue de l'Indépendance

M Taksim, Şişhane,
Taksim, Tünel

## Taksim Meydanı

Du nom du *taksim* (réservoir) d'eau en pierre du XVIIIe siècle qui se dresse sur son côté ouest, cette place affairée accueille une nouvelle mosquée ainsi qu'un monument commémorant la fondation de la République.

## Cité de Péra (Çiçek Pasajı)

Du temps de la Grand-Rue de Péra, c'était l'adresse la plus prestigieuse d'İstanbul. Construite en 1876 et décorée dans le style Second Empire, elle comprenait des appartements et une galerie marchande. Cette dernière, le **Çiçek Pasajı** (passage des Fleurs) abrite des *meyhane* (tavernes) animées.

## Balık Pazarı (marché au poisson)

À côté de la cité de Péra, des étals proposent entre autres des *midye tava* (brochettes de moules frites), des *kokoreç* (brochettes de tripes d'agneau ou de mouton relevées) dans ce **marché au poisson**.

## Hazzo Pulo Pasajı

İstiklal compte une multitude de galeries commerciales (*pasajıs*), installées dans (ou entre) des immeubles. La plus évocatrice est cette cour pavée en plein air située près de la place Galatasaray, à laquelle on accède par un étroit passage bordé de bijouteries. Derrière, on trouve de nombreux *çay bahçesis* (salons de thé avec jardin).

## Tünel Meydanı

À l'extrémité sud, cette **place** est le principal point d'accès au quartier historique de Galata, que l'on atteint par Galipdede Caddesi, une rue nommée d'après un poète soufi du XVIIe siècle associé à un *tekke* (loge de derviches) voisin. Du côté ouest, le pittoresque **Tünel Geçidi** est jalonné de restaurants, bars et boutiques.

### ★ À savoir

- Pour découvrir İstiklal dans toute son effervescence, venez en soirée ou le week-end.
- Prévoyez des pièces de monnaie afin de les offrir aux nombreux artistes de rue qui distraient les passants.

### ✕ Une petite pause ?

- Écartez-vous légèrement d'İstiklal pour vous régaler d'un excellent repas façon mer Noire à Hayvore (p. 128), près du lycée Galatasaray.
- Pénétrez dans l'étroite Hazzo Pulo Pasajı pour vous joindre aux habitants qui boivent du thé et fument le narghilé dans les charmants *çay bahçesis* (jardins de thé, p. 141).

Les incontournables

# Musée de Péra

*L'impressionnant Pera Müzesi ne manque pas de choses à voir, mais son principal attrait est sa superbe collection de peintures orientalistes. Issues de l'exceptionnel fonds de la fondation Suna and İnan Kıraç, ces œuvres offrent un aperçu du monde ottoman entre le XVII$^{e}$ et le début du XX$^{e}$ siècle.*

PLAN P. 122, B3

0212-334 9900

www.peramuseum.org

Meşrutiyet Caddesi 65, Tepebaşı

tarif plein/réduit 25/10 ₺

11h-18h mar-sam, 12h-18h dim

M Şişhane, Tünel

## Peintures orientalistes

Ici, les somptueux portraits de sultans, de courtisans et d'ambassadeurs côtoient des scènes pittoresques de l'İstanbul d'antan et de la vie dans le harem ottoman. En photo ci-contre, *Femmes buvant du café* (vers 1720) de Jean-Baptiste Vanmour.

## Osman Hamdi Bey

L'art n'était pas la seule corde à l'arc d'Osman Hamdı Bey, mais ses peintures sont probablement son héritage le plus connu et le plus apprécié. Né en 1842, il eut une énorme influence sur la scène culturelle de la ville jusqu'à sa mort en 1910. Parmi ses œuvres exposées ici figurent de célèbres tableaux comme *Deux Jeunes Musiciennes* (1880) et *Le Dresseur de tortues* (1906). Découvrez aussi l'expérience de réalité virtuelle "Un voyage dans le monde d'Osman Hamdi Bey".

## Carreaux et céramiques de Kütahya

Issue de la vaste collection de carreaux et céramiques de Kütahya que détient le musée, cette galerie présente des pièces fabriquées entre le XVIIIe et le XXe siècle.

## Poids et mesures anatoliens

Des balances et instruments de mesure, utilisés dans divers domaines, de la topographie à l'architecture en passant par le commerce et la pharmacologie, composent cette collection permanente présentée au rez-de-chaussée.

## Expositions temporaires

Des expositions ont été consacrées à Warhol, De Chirico, Picasso, Botero ou encore Giacometti. Les galeries sont aussi utilisées lors la Biennale d'İstanbul.

### ★ À savoir

- Entrée libre pour les étudiants le mercredi, et pour tous les visiteurs entre 18h et 22h le vendredi.
- Les visiteurs munis d'un Museum Pass İstanbul bénéficient d'une remise de 20% sur le billet d'entrée.

### Une petite pause ?

- Accordez-vous un moment douillet au Pera Café (p. 142), au rez-de-chaussée, pour un café et une part de gâteau, un déjeuner léger ou un verre de vin.
- Après la visite, admirez l'un des points de vue les plus spectaculaires sur la ville depuis le toit-terrasse du bar Mikla (p. 137).

Promenade à pied

# De Galatasaray à Galata

*Très pittoresque, le quartier de Galata est empreint d'une ambiance singulière, peut-être parce qu'il fut l'un des premiers points habités sur le site de l'actuelle İstanbul. Rattaché à Constantinople par Théodose II au Ve siècle, ce village devint une ville fortifiée grâce à l'aide des marchands génois, demandée en 1261 par Michel VIII Paléologue. Aujourd'hui, boutiques, bars et cafés occupent les rez-de-chaussée des immeubles construits au XIXe siècle.*

## La promenade

**Départ** Galatasaray Meydanı ; M Taksim

**Arrivée** SALT Galata Karaköy

**Distance et durée** 1,4 km ; 2 heures

## ❶ Galatasaray Meydanı

Commencez devant cette prestigieuse **école** publique située à l'angle des très animées İstiklal Caddesi et Yeniçarşı Caddesi. Créée en 1868 par le Sultan Abdül Aziz, l'élite stambouliote y scolarisait ses enfants. Désormais, les places sont réservées aux élèves les plus brillants de la ville.

## ❷ Basilique catholique Saint-Antoine de Padoue

Quand vous descendrez İstiklal direction sud, la **basilique Saint-Antoine de Padoue**, de style néogothique, se dressera sur votre gauche. Construite entre 1906 et 1911, c'est l'une des deux églises occupant ce tronçon de la rue ; elles accueillaient jadis les membres de la communauté italienne d'İstanbul, soit 40 000 personnes au début du XXe siècle.

## ❸ Consulat général des Pays-Bas

Plus au sud, le **consulat général des Pays-Bas** occupe un bel édifice, rénové en 1854 par les frères Fossati, deux architectes d'origine suisse qui dessinèrent de nombreux édifices pour le sultan Abdülmecit Ier.

## ❹ Consulat de Russie

En continuant dans İstiklal, le **consulat de Russie** est un majestueux édifice imaginé par les fères Fossati en 1837.

## ❺ Temple de Crimée

Descendez la pente raide de Kumbaracı Yokuşu et prenez la première rue à droite. Remontez la colline jusqu'à cette église anglicane néogothique, consacrée église-mémorial de Crimée en 1868 et restaurée au milieu des années 1990.

## ❻ Appartements Doğan

Tournez à droite puis à gauche dans l'une des plus jolies rues de Beyoğlu, Serdar-ı Ekrem Caddesi. Vous y découvrirez l'immeuble des **Doğan Apartmanı**, sur la gauche. Construit en 1895, il s'enorgueillit d'un beau jardin central et d'une superbe entrée décorée de vitraux.

## ❼ Tour de Galata

Continuez tout droit pour atteindre la **tour de Galata** (p. 125). Bâtie par les Génois en 1348, elle demeura le plus haut édifice de la ville pendant des siècles. Elle reste un symbole d'İstanbul.

## ❽ Escalier Camondo

Depuis la Galata Meydanı, descendez les Camekan Sokak et Bereketzade Medresesi Sokak. Vous finirez par tomber sur cet escalier monumental, commandé et financé par la famille de banquiers du même nom. En bas des marches, la Bankalar Caddesi était au XIXe siècle le centre de l'industrie bancaire de la ville. Elle abrite désormais le centre culturel **SALT Galata** (p. 125).

A
B
C
D
E
F
1
2
3
4
TARLABAŞI
Tarlabaşı Cad
Parc Gezi
Taksim Meydanı
Taksim
Taksim
TAKSİM
Funiculaire pour Kabatas
40
18
41
Kurabiye Sk
Bekar Sk
Mis Sk
77
12
Centre d'art Akbank
Emin Camii Sk
Ömer Hayyam Cad
Tarlabaşı Cad
Halas Sk
Sakız Ağacı Cad
İstiklal Cad
82
79
Büyükparmakkapı Sk
Meşelik Sk
Kazancı Başı Camii Sk
Osmanlı Sk
Kutlu Sk
Sipahi Fırını Sk
Aynali Çeşme Cad
Arslan Sk
44
Hatun Cad
Kamer
Balo Sk
Yeşilçam Sk
69
68
Hasnun Galip Sk
Billurcu Sk
38
Işik Çik
Işık Sk
Hamalbaşı Cad
Sahne Sk
İstiklal Caddesi
85
16
Aşıklar Meydanı Sk
Olivia Geçidi
Galatasaray Meydanı
Kartal Sk
33
Turnacıbaşı Cad
Hocazade Sk
Maç Sk
Somuncu Sk
Stade Kasıpaşa
İstanbul Araştırmaları Enstitüsü
15
57
14
Yapı Kredi Kültür Sanat
GALATASARAY
80
Liva Sk
63
Soğancı Sk
Sormagir Sk
TEPEBAŞI
54
Acar Sk
55
Lycée Galatasaray
Falk Paşa Cad
Sıraselviler Cad
59
Güneşli Sk
Cihangir Cad
58
Kallâvi Sk
30
74
Oba Sk
Musée de Péra
11
Eski Çiçekçi Sk
NOH Radio Pub
60
Bakraç Sk
Refik Saydam Cad
46
36
Nur-i Zıya Sk
50
29
Yeni Çarşı Cad
Hayriye Cad
52
24
53
43
Tepebaşı Cad
Meşrutiyet Cad
SALT Beyoğlu
Bostanbaşı Cad
Çukurcuma Cad
Palaska Sk
71
Ağa Hamamı Sk
84
Yeni Yuva Sk
ÇUKURCUMA
75
Pera Palace Hotel
10
48
Tepebaşı Akarca Sk
Orhan Adli Apaydin Sk
81
Akarsu Yokuşu
27
47
Susam Sk
Samanyolu Sk
Postacılar Sk
35
Gönül Sk
1
Musée de l'Innocence
Boğazkesen
Anahtar Sk
Şimşirci Sk
62
45
Kuyu Sk
Meşrutiyet Cad
34
67
Tomtom Kaptan Sk
Coşkun Sk
Kumrulu Sk
İstanbul Modern
2
ASMALIMESCİT
70
İlyas Çelebi Sk
FINDIKLI

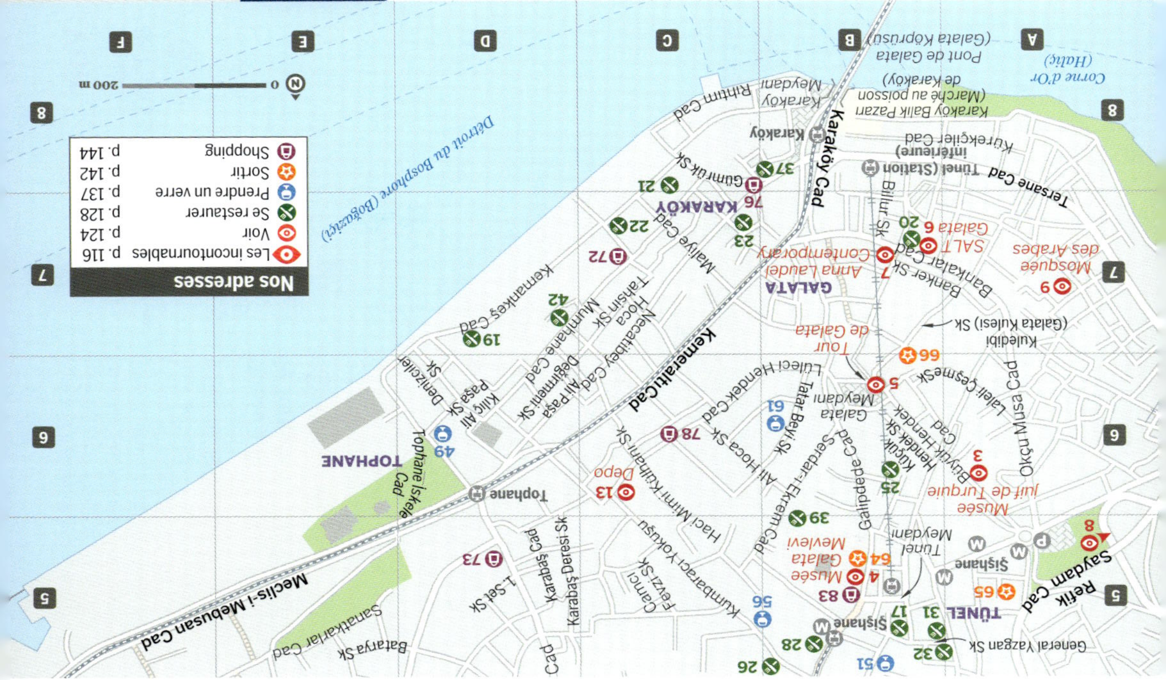
Nos adresses
Les incontournables p. 116
Voir p. 124
Se restaurer p. 128
Prendre un verre p. 137
Sortir p. 142
Shopping p. 144
0
200 m
A
B
C
D
E
F
5
6
7
8
Détroit du Bosphore (Boğaziçi)
Corne d'Or (Haliç)
Pont de Galata (Galata Köprüsü)
Karaköy Balık Pazarı (Marché au poisson de Karaköy)
Karaköy Meydanı
Rıhtım Cad
Karaköy Cad
Karaköy
Kürekçiler Cad
Tünel (Station inférieure)
Tersane Cad
Billur Sk
Gümrük Sk
KARAKÖY
Maliye Cad
GALATA
Anna Laudel Contemporary
SALT Galata
Bankalar Cad
Banker Sk
Mosquée des Arabes
Kuledibi (Galata Kulesi) Sk
Tour de Galata
Kemeraltı Cad
Necatibey Cad
Hoca Tahsin Sk
Mumhane Cad
Kemankeş Cad
Değirmeni Sk
Ali Paşa
Kılıç Ali Paşa Sk
Denizciler Sk
Lüleci Hendek Cad
Tatar Beyi Sk
Galata Meydanı
Laleli Çeşme Sk
Okçu Musa Cad
Büyük Hendek Cad
Küçük Hendek Sk
Galipdede Cad
Serdar-ı Ekrem Cad
Ali Hoca Sk
Haci Mimi Külhanı Sk
Depo
Musée juif de Turquie
Tünel Meydanı
Musée Galata Mevlevi
Şişhane
TÜNEL
Refik Saydam Cad
General Yazgan Sk
Kumbaracı Yokuşu
Camcı Fevzi Sk
Karabaş Deresi Sk
Karabaş Cad
L. Set Sk
Cad
Tophane
Tophane İskele Cad
TOPHANE
Batarya Sk
Sanatkarlar Cad
Meclis-i Mebusan Cad
3
4
5
6
7
8
9
13
17
19
20
21
22
23
25
26
28
31
32
37
39
42
49
51
56
61
64
65
66
72
73
76
78
83

# Voir

## Musée de l'Innocence

LITTÉRATURE

1 PLAN P. 122, D4

Dans une maison du XIXe siècle, ce musée fondé par l'écrivain Orhan Pamuk évoque et reproduit des aspects de son roman éponyme (*Le Musée de l'innocence*, Folio, 2012), à travers des objets exposés dans des vitrines. Il renferme aussi des installations à l'étrange beauté, comme le mur présentant les 4 213 mégots de cigarettes prétendument fumées par Füsun, l'héroïne du livre. L'ensemble recrée la "mélancolie de la période" durant laquelle Pamuk a grandi, celle du roman. (Masumiyet Müzesi ; 0212-252 9738 ; www.masumiyetmuzesi.org ; Dalgıç Çıkmazı 2, Çukurcuma Caddesi ; tarif plein/étudiant 50/35 ₺ ; 10h-17h mar-dim ; Tophane)

## İstanbul Modern

ART

2 PLAN P. 122, B4

Ce musée possède une vaste collection d'œuvres d'art turques et propose d'excellentes expositions temporaires d'artistes turcs et internationaux de renom. Son bâtiment est situé au bord du Bosphore, à Tophane, mais en raison de l'énorme projet de réaménagement de Galataport, en cours de réalisation, il a provisoirement été déplacé vers ce site à Beyoğlu. Un retour à Tophane, dans un nouveau bâtiment, est prévu pour 2021. (İstanbul Modern Sanat Müzesi ; 0212-334 7300 ; www.istanbulmodern.org ; Meşrutiyet Caddesi 99, Asmalımescit ; tarif plein/réduit 68/51 ₺ ; 11h-17h mar-dim ; M Şişhane, Tünel)

## Musée juif de Turquie

HISTOIRE ET CULTURE

3 PLAN P. 122, A6

Installé dans un bâtiment relié à la synagogue Neve Shalom, près de la tour de Galata, ce musée a ouvert ses portes en 2001 pour commémorer le 500e anniversaire de l'arrivée des Juifs séfarades dans l'Empire ottoman. Son exposition interactive, très bien conçue, illustre l'histoire, la langue et la culture du peuple juif en Turquie. Il faut montrer son passeport pour entrer. (500 Yil Vakfi Türk Musevileri, The Quincentennial Foundation Museum of Turkish Jews ; 0212-292 6333 ; www.muze500.com ; Büyük Hendek Caddesi 39, Şişhane ; tarif plein/- 12 ans 30 ₺/gratuit ; 10h-17h lun-jeu, 10h-13h ven, 10h-17h dim ; M Şişhane, Tünel)

## Musée Galata Mevlevi

SOUFISME

4 PLAN P. 122, B5

La *semahane* (salle) au centre de ce *tekke* (loge de derviches) fut construite en 1491, et rénovée en 1608 puis en 2009. Elle fait partie d'un ensemble qui comprend une *meydan-ı şerif* (cour), une *çeşme* (fontaine), un *türbesi* (mausolée) et un *hamuşan* (cimetière). C'est la plus ancienne des six *mevlevihaneleri* (*tekke mevlevi*) qui subsistent à İstanbul ; elle a été transformée en musée en 1946. On peut y voir des objets liés au soufisme : vêtements, turbans, accessoires de cérémonie et instruments de musique traditionnels. (Galata Mevlevihanesi Müzesi ; 0212-245 4141 ; www.muze.gov.tr ; Galipdede Caddesi 15, Tünel ; 18 ₺ ; 9h-17h oct-mars, 9h-17h30 avr-sept ; M Şişhane, Tünel)

### Tour de Galata — MONUMENT HISTORIQUE

5 PLAN P. 122, B6

Cette tour cylindrique se dresse aux abords du "nouvel" İstanbul. Érigée en 1348, elle demeura le plus haut édifice de la ville pendant des siècles. Aujourd'hui encore, elle domine la rive nord de la Corne d'Or. Son balcon supérieur offre un panorama à 360° sur la cité. Droit d'entrée élevé, d'autant que le simulateur de vol en hélicoptère est en supplément (tarif plein/étudiant/enfant 15/12/10 ₺). (Galata Kulesi ; www.galatakulesi.org ; Galata Meydanı, Galata ; adulte/-12 ans 35/15 ₺ ; 9h-20h30 ; Karaköy, Tünel)

### SALT Galata — CENTRE CULTUREL

6 PLAN P. 122, B7

Cette institution occupe le superbe bâtiment de l'ancienne Banque ottomane, conçu par Alexandre Vallaury en 1892, et réaménagé par le cabinet de Mimarlar Tasarım. Ce centre d'avant-garde comprend un

Tour de Galata

## Centres culturels d'İstiklal

Au cours de la dernière décennie, les grandes banques, entreprises et universités de la ville ont financé et fait construire des musées et des centres culturels de haut vol le long d'İstiklal Caddesi. Beaucoup occupent des édifices conçus par des architectes avant-gardistes. Le Yapı Kredi Kültür Sanat (p. 128), le centre d'art Akbank et le SALT Beyoğlu valent le détour.

espace d'exposition, mais aussi un auditorium, une bibliothèque d'ouvrages d'art, une librairie, un café, ainsi qu'un restaurant chic perché sur le toit-terrasse. (0212-334 2200 ; www.saltonline.org/en ; Bankalar Caddesi 11, Karaköy ; gratuit ; bibliothèque 11h-17h mar-sam ; Karaköy)

## Anna Laudel Contemporary GALERIE

7 PLAN P. 122, B7

Des artistes contemporains turcs et internationaux sont mis en lumière dans cette galerie, ouverte fin 2016 dans l'un des bâtiments historiques de l'ancien quartier des finances d'İstanbul. L'institution occupe cinq étages, mais tous sont de taille modeste, ce qui permet une expérience intimiste. Une boutique vend des bijoux, des reproductions et des petites œuvres d'art. (0212-243 3257 ; www.annalaudel.gallery ; Bankalar Caddesi 10, Karaköy ; gratuit ; 12h-19h mar-sam, 12h-18h dim ; Karaköy)

## Mosquée Sokollu Şehit Mehmet Paşa ÉDIFICE RELIGIEUX

8 PLAN P. 122, A5

Cette jolie mosquée, dessinée par Sinan et construite en 1577 est surélevée sur une plateforme, comme son minaret. Commandée par Sokollu Mehmet Paşa, un grand vizir de Soliman le Magnifique, elle est éclipsée par l'approche du pont Atatürk/Unkapanı. Mais elle mérite une visite, en particulier pour son beau mihrab (niche dans un minaret indiquant la direction de La Mecque) en marbre et son minbar (chaire dans une mosquée). (Tersane Caddesi, Azapkapı ; lever-coucher du soleil ; M Haliç)

## Mosquée des Arabes ÉDIFICE RELIGIEUX

9 PLAN P. 122, A7

La plus grande église de la ville, construite par les Génois en 1337, fut transformée en mosquée après la Conquête ottomane, puis offerte aux musulmans d'Espagne après leur arrivée à İstanbul à la fin du XVe siècle. Ses éléments les plus remarquables sont la façade en pierre et le plafond en bois. (Arap Camıı ; Galata Mahkemesi Sokak, Galata ; aube-crépuscule ; Karaköy)

## Pera Palace Hotel

ÉDIFICE HISTORIQUE

10 PLAN P. 122, B4

Le Pera Palace fut un projet de Georges Nagelmackers, l'entrepreneur belge qui relia Paris à Constantinople grâce au célèbre train de luxe, l'*Orient-Express*. L'édifice de 1892 a récemment subi des rénovations pour un montant de 23 millions d'euros et aurait retrouvé son rang d'hôtel le plus glamour d'İstanbul. Le bar, le salon de thé, la pâtisserie et le restaurant sont ouverts au public. (Pera Palas Oteli ; 0212-377 4000 ; www.perapalace.com ; Meşrutiyet Caddesi 52, Tepebaşı ; M Şişhane, Tünel)

## SALT Beyoğlu

CENTRE CULTUREL

11 PLAN P. 122, B3

Avec pour ambition l'exploration de la culture visuelle, la filiale du centre culturel SALT à İstiklal est l'une des institutions artistiques les plus intéressantes de la ville. Occupant un ancien immeuble d'appartements des années 1850, elle abrite des espaces d'exposition, un cinéma, une librairie, et une salle de lecture appréciée des étudiants. La plupart des expositions sont consacrées à la photographie et au multimédia. (0212-377 4200 ; www.saltonline.org/en/home ; İstiklal Caddesi 136 ; gratuit ; 12h-19h mar-dim ; M Şişhane, Tünel)

## Centre d'art Akbank

CENTRE CULTUREL

12 PLAN P. 122, E1

Les banques et associations philanthropiques de Turquie rivalisent pour le titre de plus grand mécène des arts. İstiklal est une vitrine de leur générosité et Akbank offre une scène à l'univers artistique de la ville, en pleine effervescence. On y trouve une galerie d'art, une salle de spectacle, un studio de danse et une bibliothèque des arts.

Le centre soutient et accueille deux festivals, **İstanbul Jazz** (caz.iksv.org/en ; fin juin à mi-juil) et **Akbank Short Film** (Akbank Kısa Film Festivali ; www.akbanksanat.com ; mars) ainsi que des représentations de l'Orchestre de chambre d'Akbank. Il publie un guide trimestriel des événements artistiques organisés à İstanbul (en anglais, *Contemporary Art plan İstanbul*), disponible dans les cafés, boutiques de design et galeries, ou en ligne sur le site Web d'Akbank. (Akbank Sanat ; 0212-252 3500 ; www.akbanksanat.com ; İstiklal Caddesi 8, Taksim ; gratuit ; 10h30-19h30 mar-sam ; M Taksim)

## Depo

CENTRE CULTUREL

13 PLAN P. 122, C6

Aménagé dans un ancien entrepôt de tabac, cet espace alternatif est géré par **Anadolu Kültür** (www.anadolukultur.org), une association à but non lucratif qui facilite les collaborations artistiques, promeut les échanges culturels et encourage les débats sur les questions sociales et politiques propres à la Turquie, au Sud-Caucase, au Moyen-Orient et aux Balkans. Au programme : conférences, expositions d'art et projections de films. (☎ 0212-292 3956 ; www.depoistanbul.net ; Lüleci Hendek Caddesi 12, Tophane ; gratuit ; ⌚ 11h-19h mar-dim ; 🚋 Tophane)

### Yapı Kredi Kültür Sanat

CENTRE CULTUREL

14 PLAN P. 122, C3

Dominant la place Galatasaray, cet élégant centre culturel affilié à une grande banque turque organise des expositions artistiques et des concerts et abrite une bibliothèque de recherche spécialisée dans l'art et la culture. L'escalier extérieur, inondé de lumière et surplombant İstiklal Caddesi, est très prisé pour les selfies. (☎ 0212-252 4700 ; sanat.ykykultur.com.tr ; İstiklal Caddesi 161, Galatasaray ; gratuit ; ⌚ 10h-19h lun-ven, 11h-19h sam, 13h-19h dim ; M Şişhane, 🚋 Tünel)

### İstanbul Araştırmaları Enstitüsü

CENTRE CULTUREL

15 PLAN P. 122, B3

Associée au musée de Péra (p. 118), cette institution comprend une bibliothèque de recherche accessible au public, spécialisée dans l'histoire culturelle et sociale d'İstanbul durant les périodes byzantine, ottomane et républicaine. Également des expositions temporaires, des conférences et des séminaires sur le même sujet. (Institut de recherche d'İstanbul ; ☎ 0212-334 0900 ; en.iae.org.tr ; Meşrutiyet Caddesi 47, Tepebaşı ; entrée libre ; ⌚ bibliothèque 13h30-16h30 lun-ven, expositions 11h-18h lun-sam ; M Şişhane, 🚋 Tünel)

## Se restaurer

### Hayvore

TURC €

16 PLAN P. 122, C2

Les bonnes *lokanta* (restaurants servant des plats préparés) sont aujourd'hui rares à Beyoğlu. On peut donc se réjouir de l'existence de ce lieu animé, proche du lycée de Galatasaray. Spécialiste de la cuisine de la mer Noire, il propose de délicieux pilafs, *pide* (pizza turque) *hamsi* (anchois frais), soupes de légumes et poissons. Venez tôt pour avoir une table. (☎ 0212-245 7501 ; www.hayvore.com.tr ; Turnacıbaşı Sokak 4, Galatasaray ; soupes 10-15 ₺, pide 24-35 ₺, plats 14-30 ₺ ; ⌚ 8h-23h ; ❄ 📶 👪 ; M Taksim, 🚋 Taksim)

### Antiochia

ANATOLIEN €€€

17 PLAN P. 122, B5

Les plats de la ville d'Antakya (Hatay), dans le sud-est du pays, sont la spécialité de ce restaurant. Les mezze chauds et froids sont délicieux (goûtez le fromage grillé), les *pide* et *lahmacun* (galette garnie d'une farce épicée) sont savoureuses et les kebabs, exceptionnels – tentez le succulent *şiş et* (agneau grillé). Pour l'assortiment de mezze suivi d'un plat (65-105 ₺), le rapport qualité/prix est excellent. (☎0212-244 0820 ; www.antiochiaconcept.com ; General Yazgan Sokak 3, Tünel ; mezze et salades 26-35 ₺, pide 30 ₺, kebabs 40-80 ₺ ; 12h-minuit lun-ven, 15h-minuit sam ; ; M Şişhane, Tünel)

### Zübeyir Ocakbaşı

KEBAB €€

18 PLAN P. 122, D1

Tous les matins, les chefs de cet *ocakbaşı* (grill) populaire préparent des viandes de qualité supérieure, qu'ils feront griller sous l'auvent de cuivre de leur barbecue : ailes de poulet épicées, kebabs d'Adana, côtelettes parfumées, brochettes de foie relevées et *şış kebap* d'agneau mariné. Réservez. (☎0212-293 3951 ; www.zubeyirocakbasi.com.tr ; Bekar Sokak 28 ; mezze 14-15 ₺, kebabs 37-80 ₺ ; 12h30-23h30 ; ; M Taksim, Taksim)

### Mürver

TURC €€€

19 PLAN P. 122, D7

Nouveauté moderne dans le paysage culinaire stambouliote, le restaurant du Novotel, pourvu d'un toit-terrasse, demeure aussi branché qu'à ses débuts. Le menu fait la part belle aux plats de viande comme l'agneau cuit dans un *tandir* ou le poulet et les steaks grillés, mais vous pourrez aussi choisir des produits de la mer et des légumes – le poulpe cuit dans la cendre est un délice. Réservation indispensable. (☎0212-372 0750 ; www.murverrestaurant.com ; Kemankeş Caddesi 57-59, Novotel İstanbul

Kebabs à Antiochia

Bosphorus Hotel, Karaköy ; mezze 33-105 ₺, plats 85-230 ₺ ; 12h-15h et 18h-23h ; ; Tophane)

## Neolokal

TURC MODERNE €€€

20 PLAN P. 122, B7

Depuis 2014, le chef Maksut Aşkar enchante les convives avec ses interprétations audacieuses de plats turc traditionnels, à tel point qu'il a intégré la liste des 50 meilleurs restaurants du monde, parrainée par San Pellegrino. Ses plats raffinés confectionnés à base d'ingrédients répertoriés dans l'Arche du Goût du mouvement Slow Food se dégustent en profitant d'une vue spectaculaire sur la vieille ville depuis la salle et la terrasse. (0212-244 0016 ; www.neolokal.com ; 1er ét, SALT Galata, Bankalar Caddesi 11, Karaköy ; mezze 46-57 ₺, plats 94-98 ₺ ; 18h-23h mar-dim ; ; Karaköy)

## Karaköy Güllüoğlu

PÂTISSERIES €

21 PLAN P. 122, C8

Cette *baklavacı* (boutique de baklavas) est une institution du quartier. Inaugurée en 1949, elle fut la première adresse stambouliote d'une entreprise créée à Gaziantep dans les années 1820. D'autres boutiques ont depuis ouvert en ville, mais celle-ci reste la meilleure. Payez une *porsiyon* (portion) à la caisse, puis passez votre commande au comptoir. (0212-293 0910 ; www.karakoygulluoglu.com ; Katlı Otopark, Kemankeş Caddesi, Karaköy ; portion de baklavas 13-23 ₺, portion de börek 11-12 ₺ ; 7h-minuit lun-sam, 8h-minuit dim ; ; Karaköy)

## Karaköy Lokantası

TURC €€€

22 PLAN P. 122, C7

Réputée pour sa salle carrelée, son accueil sympathique et son ambiance animée, la Karaköy Lokantası sert à des prix raisonnables une cuisine qui attire une clientèle de fidèles. *Lokanta* dans la journée, elle se transforme en *meyhane* le soir venu, avec des tarifs un peu plus élevés – la réservation devient alors impérative. (0212-292 4455 ; www.karakoylokantasi.com ; Kemankeş Caddesi 37a, Karaköy ; mezze 8-40 ₺, portions déj 17-36 ₺, plats 38-59 ₺ ; 12h-16h et 18h-minuit lun-sam, 16h-minuit dim ; ; Karaköy)

## Mükellef

TURC €€€

23 PLAN P. 122, C7

Star locale des fourneaux, Arda Türkmen est passé maître dans l'art des mezze qu'il sert dans cette *meyhane* haut de gamme, au dernier étage du Haze Hotel. Un aperçu du très large choix : *kuru biber kızmartması* (yaourt accompagné de poivrons rouges frits), *mücver* (beignets de courgettes) et *topik* (purée de pois chiches avec oignons, noix, raisins et épices). (0212-252 8636 ; www.mukellefkarakoy.com ; 7e ét, Haze Hotel, Maliye Caddesi 8, Karaköy ; mezze 20-95 ₺, plats 45-135 ₺ ; 9h-2h ; ; Karaköy)

### Cuma

TURC MODERNE €€€

24 PLAN P. 122, D3

Au cœur de Çukurcuma, le paradis gourmet et décontracté de Banu Tiryakioğlu peut compter sur l'une des clientèles les plus fidèles de la ville. Les tables sont installées sur la terrasse luxuriante ou dans la salle à manger pleine de cachet, à l'étage, et la cuisine saine et de saison est riche en saveurs et pauvre en artifices – mention spéciale au petit-déjeuner (les habitués aiment partager l'assiette *kahvaltı* – petit-déjeuner). (0212-293 2062 ; www.cuma.cc ; Çukurcuma Caddesi 53a, Çukurcuma ; assiette petit-déj 55 ₺, entrées 38-49 ₺, plats 45-77 ₺ ; 9h-minuit lun-sam, 9h-20h dim ; ; M Taksim, Taksim)

### Cafe Privato

CAFÉ €€

25 PLAN P. 122, B6

Situé dans une enclave en retrait de Galipdede Caddesi à Galata, ce sympathique café, un peu délabré, est très apprécié pour son *köy kahvaltası* (petit-déjeuner de village) copieux et délicieux. Il se compose de *gözleme* (pains plats farcis) aux épinards et fromage, œufs, pain maison, confitures, fromage halloumi frit, crêpes, olives, etc. Les habitués commandent souvent un petit-déjeuner pour 2 ou 2 pour 3. (0212-293 2055 ; www.facebook.com/privatocafe ; Tımarcı Sokak 3b, Galata ; petit-déj 70 ₺ ; 9h-22h ; ; M Şişhane, Tünel)

### Yeni Lokanta

TURC €€€

26 PLAN P. 122, B5

Yeni Lokanta signifie "nouveau restaurant" en turc et, en effet, le chef Civan Er apporte sa touche personnelle, en utilisant des ingrédients et des techniques inhabituels sans pour autant bousculer les habitudes culinaires de ses clients turcs. Les mezze régalent davantage que les plats. La carte des boissons ne déçoit pas. (0212-292 2550 ; www.lokantayeni.com ; Kumbaracı Yokuşu 66, Tomtom ; entrées et salades 39-42 ₺, plats 118-141 ₺, menu dégustation 10 plats pour 2 pers 680 ₺ ; 12h-16h30 et 18h-1h mar-sam ; M Şişhane, Tünel)

### Mellow

INTERNATIONAL €€€

27 PLAN P. 122, E4

Cet établissement décontracté propose une cuisine aux influences méditerranéennes, novatrice et très savoureuse, avec un large choix de petites assiettes. Bar bien fourni et terrasse sur la rue pour observer la vie à Cihangir. (0212-245 2253 ; www.facebook.com/mellowcihangir ; Akarsu Yokuşu 30b, Cihangir ; tapas 22-38 ₺, plats 42-68 ₺ ; 12h-minuit dim-jeu, 12h-1h ven-sam ; ; M Taksim, Taksim)

### Eleos

GREC €€€

28 PLAN P. 122, B5

Caché au 2e étage de l'Hıdivyal Palas, un immeuble défraîchi, l'Eleos fait voyager ses hôtes de Beyoğlu aux îles grecques. Dans un élégant décor bleu et blanc avec vue fabuleuse sur le Bosphore, on y sert des mezze, du poulpe et des calamars très tendres, du poisson grillé à la perfection, et des fruits frais pour conclure le repas. Réservation indispensable. (0212-244 9090 ; www.eleosrestaurant.com ; 2e ét, İstiklal Caddesi 231, Tünel ; mezze 17-70 ₺, poisson au poids ; 14h30-minuit ; ; M Şişhane, Tünel)

## Olea

PIZZA €€

29 PLAN P. 122, C3

Des photos de Sophia Loren ornent les murs de la meilleure pizzeria de Beyoğlu. Le propriétaire, passionné de bière et de vin, gère aussi Solera (p. 138), juste à côté. Également des pâtes et des *taglieri* (planches de viande et fromage). (0212-252 2754 ; www.oleapizzeria.net ; Yeni Çarşı Caddesi 46, Galatasaray ; pizzas 31-56 ₺, taglieri 55-75 ₺, pâtes 35-55 ₺ ; 12h-minuit ; ; M Şişhane, Tünel)

## Reyhun

IRANIEN €€

30 PLAN P. 122, C3

Juste à côté de la Galatasaray Garaj, grimpez les escaliers recouverts de moquette rouge pour gagner le meilleur restaurant iranien d'İstanbul ; choisissez entre la salle à manger (bruyante) et la vaste terrasse verdoyante. Divers ragoûts authentiques dont un délicieux *ghorme sabzi* (agneau, haricots rouges et fines herbes) et très large choix de kebabs. Terminez par un *shole zard* (dessert à base de riz, safran et noix). Pas d'alcool. (0212-245 1500 ; www.iranyemekleri.com ; 1er ét, Yeni Çarşı Caddesi 26, Galatasaray ; ragoûts 25-35 ₺, kebabs 27-97 ₺ ; 12h-23h30 ; ; M Şişhane, Tünel)

## Sahrap

TURC MODERNE €€

31 PLAN P. 122, B5

Auteure de livres de cuisine et présentatrice d'émissions culinaires populaires, la cheffe Sahrap Soysal supervise le menu qui propose une cuisine turque moderne et goûteuse à des prix raisonnables. Les légumineuses, légumes de saison et produits de la mer sont à l'honneur. (0212-243 1616 ; www.sahraprestaurant.com ; General Yazgan Sokak 13a, Asmalımescit ; mezze 17-25 ₺, plats 29-65 ₺ ; 12h-23h lun-sam, 18h-23h dim ; ; M Şişhane, Tünel)

## Aheste

TURC €€€

32 PLAN P. 122, B5

Aheste est réputé pour son intérieur stylé à l'éclairage soigné et pour ses excellents mezze. Réservation obligatoire. (0212-243 2633 ; www.ahesterestaurant.com ; Meşrutiyet Caddesi 107, Asmalımescit ; mezze ₺26-52, plats 55-87 ₺, menu dégustation 150 ₺ ; 18h30-23h ; ; M Şişhane, Tünel)

## Çukur Meyhane

TURC €€

33 PLAN P. 122, C3

Il est de plus en plus difficile de trouver des *meyhanes* (tavernes) de qualité et nous cherchons constamment des remplaçantes à nos anciennes favorites. Çukur fait partie des heureuses élues : atmosphère conviviale façon cafétéria, mets délicieux et prix assez bas. Les serveurs ne parlent pas anglais. (0212-244 5575 ; cukurmeyhane.business.site ; sous-sol, Kartal Sokak 1a, Galatasaray ; mezze 10-35 ₺, plats 20-50 ₺ ; 18h-1h lun-sam ; ; M Taksim, Taksim)

### Asmalı Cavit

TURC **€€€**

**34** PLAN P. 122, B4

Comme d'autres restaurants établis de longue date dans cette rue, cette *meyhane* à l'ancienne a résisté à l'usure du temps et peut compter sur une clientèle fidèle. Tous les plats habituels (mezze, calamars frits, *börek* farcis à la viande, foie frit et kebabs) sont au menu. Réservation essentielle. (Asmalı Meyhane ; 0212-292 4950 ; Asmalımescit Sokak 16, Asmalımescit ; mezze 14-35 ₺, kebabs 40-65 ₺ ; 10h30-1h30 lun-sam ; M Şişhane, Tünel)

### Meze by Lemon Tree

TURC MODERNE **€€€**

**35** PLAN P. 122, B4

Le chef Gençay Üçok est réputé pour ses mezze, qui constituent le point fort de ce restaurant intimiste en face du Pera Palace Hotel. Notre suggestion : le menu de 8 mezze (6 froids et 2 chauds), un dessert et un thé ou un café (242 ₺ pour 2 pers). Réservation indispensable. (0212-252 8302 ; www.mezze.com.tr ; Meşrutiyet

Meze by Lemon Tree

Caddesi 83b, Tepebaşı ; mezze 25-56 ₺, plats 52-100 ₺ ; 18h-23h30 ; ; Şişhane, Tünel)

### Divan Brasserie

INTERNATIONAL €€€

36 PLAN P. 122, C3

La nourriture est satisfaisante, mais si vous parvenez à obtenir une table sur la terrasse en été, le point de vue époustouflant sur le Bosphore et la vieille ville compense largement cette qualité passable. Les carnivores auront l'embarras du choix (burgers, grillades, tacos, pâtes) mais les options sont plus limitées pour les végétariens et végans. (0212-243 2481 ; www.divan.com.tr/divan-restaurants/divan-brasserie-beyoglu ; 5e et 6e ét, Koç Bldg, İstiklal Caddesi 181 ; burgers et sandwichs 45-52 ₺, pâtes 36-55 ₺, plats 42-75 ₺ ; 12h-minuit ; ; Şişhane, Tünel)

### Karaköy Gümrük

TURC MODERNE €€€

37 PLAN P. 122, B8

Exemple de restaurant élégant et décontracté comme il en existe beaucoup à İstanbul depuis quelques années, Gümrük propose un menu évoluant chaque jour en fonction des produits frais du marché. Beaucoup de monde à midi. (0212-244 2252 ; www.facebook.com/karakoygumruk ; Gümrük Sokak 4, Karaköy ; plats petit-déj 13-29 ₺, petite assiette 19-45 ₺, plats 32-65 ₺ ; 8h-23h lun-sam ; ; Karaköy)

Zencefil

DAVID PEARSON/ALAMY STOCK PHOTO ©

## Galaktion

GÉORGIEN €

38 PLAN P. 122, E2

Ce douillet restaurant caucasien sert de délicieux et solides classiques géorgiens : raviolis *khinkali* de la taille d'un poing, *khachapuri* (pain farci au fromage) moelleux, *lobio* (ragoût de haricots rouges aux fines herbes et à l'ail) et rouleaux d'aubergine fourrés de noix et fromage. Pas d'alcool mais vous pourrez goûter la limonade géorgienne ou le café à la mode de Batoumi. (0537 573 7600 ; www.facebook.com/cafegalaktion ; Billurcu Sokak 18a, Cihangir ; soupes 10-13 ₺, plats 15-30 ₺ ; 12h-minuit, horaires réduits en été ; M Taksim, Taksim)

## Mavra

CAFÉ €€

39 PLAN P. 122, B5

Flanquée d'immeubles d'appartements du XIXe siècle et de boutiques avant-gardistes, Serdar-ı Ekrem Caddesi est l'une des rues les plus attrayantes de Galata. Mavra fut le premier café à y ouvrir et demeure l'un des meilleurs, grâce à des plats et des boissons sans chichis, servis dans un cadre de bric-à-brac chic. Végétariens et végans sont particulièrement chouchoutés. (0212-252 7488 ; Serdar-ı Ekrem Caddesi 31, Galata ; petit-déj 20-55 ₺, sandwich 20-34 ₺, pâtes 24-28 ₺ ; 9h30-22h30 ven-mer, 9h30-20h30 jeu ; ; M Şişhane, Tünel)

## Ek Biç Ye İç

VÉGÉTARIEN €

40 PLAN P. 122, F1

Son nom signifie : "semer, récolter, manger, boire". Ce café essentiellement végétarien fait le pari d'une cuisine saine : soupes, salades, wraps, smoothies et infusions préparés avec des ingrédients cultivés localement sans OGM ni pesticides. Le lieu est aussi un point de rencontre pour des activités favorisant un mode de vie durable, par exemple des ateliers (parfois en anglais) sur des thèmes comme le compostage ou le jardinage. (0212-293 5242 ; www.ekbicyeic.com ; İsmet İnönü Caddesi 9a, Taksim ; soupes 9-14 ₺, salades/wraps 18-26 ₺, suppléments 4 ₺ ; 8h30-18h lun-sam ; ; M Taksim, Taksim)

## Zencefil

VÉGÉTARIEN €

41 PLAN P. 122, D1

Rien d'étonnant à ce que ce café soit fréquenté par une clientèle fidèle : l'intérieur est coquet et douillet, avec une cour vitrée, et décoré de couleurs vives, et les plats végétariens ou végans sont 100% faits maison, frais et variés. Zencefil signifie "gingembre" en turc : l'établissement prépare son propre soda au gingembre, ainsi que des boissons détox. (0212-243 8234 ; www.facebook.com/zencozencefil ; Kurabiye Sokak 8, Taksim ; soupes 13-19 ₺, plats 19-28 ₺ ; 9h30-23h30 lun-sam, 16h-23h30 dim ; ; M Taksim, Taksim)

### Repas dans une lokanta

Ces restaurants décontractés servent des *hazır yemek* (plats tout prêts, végétariens ou carnés) gardés au chaud dans des bains-marie. Il faut regarder ce qui est proposé dans le bain-marie puis dire son choix au serveur ou au cuisinier derrière le comptoir. On peut commander une *bir porsiyon* (portion), une *yarım porsiyon* (demi-portion) ou une assiette avec plusieurs mets. On paie ensuite en fonction du nombre de portions.

soir, à tel point que la foule déborde du douillet intérieur lambrissé jusque dans la rue. Chaque boisson est concoctée avec brio. Les bières viennent de la brasserie stambouliote Bomonti Brewery. (0532 773 0013 ; Akarsu Yokuşu 22, Cihangir ; 16h-1h30 ; M Taksim, Taksim)

## Mikla

BAR

48 PLAN P. 122, B4

D'excellent cocktails et l'un des plus beaux points de vue d'İstanbul vous attendent au dernier étage du Marmara Pera Hotel. L'hiver, l'action se passe au bar du restaurant chic à l'étage inférieur. (0212-293 5656 ; www.miklarestaurant.com ; Marmara Pera Hotel, Meşrutiyet Caddesi 15, Tepebaşı ; 17h-22h lun-sam ; M Şişhane, Tünel)

## Coffee Sapiens

CAFÉ

49 PLAN P. 122, D6

Ces *sapiens* utilisent du café torréfié dans leur brûlerie de Hasköy et différentes techniques : Aeropress, Chemex, infusion à froid, cafetière à piston, expresso ou siphon. À emporter, à déguster au comptoir ou à savourer à l'extérieur, sur une table surplombant la ruelle la plus branchée de Karaköy. (0212-244 1296 ; www.coffeesapiens.com ; Kılıç Ali Paşa Mescidi 10, Karaköy ; 8h30-21h30 dim-jeu, 8h30-22h30 ven-sam ; ; Tophane)

## Solera

BAR À VINS

50 PLAN P. 122, C3

Proposant plus de 300 vins turcs, dont 100 que l'on peut commander au verre, cette caverne à l'éclairage tamisé est le meilleur bar à vins de la ville. Les habitués y viennent après le travail pour boire un verre accompagné d'une assiette de fromages (22 ₺), et beaucoup restent pour manger les pâtes maison (29-32 ₺) ou un steak cuit à la perfection (49 ₺). Réservation conseillée. (0212-252 2719 ; www.facebook.com/solerawinery ; Yeniçarşı Caddesi 44, Galatasaray ; midi-2h ; ; M Şişhane, Tünel)

## Parantez

BAR

51 PLAN P. 122, B5

Le bar le plus populaire d'Asmalımescit est minuscule : les soirs de week-end, les clients sont contraints d'investir la rue Jurnal Sokak. Frayez-vous un chemin jusqu'au bar pour commander un cocktail ou une bière en bouteille – si la foule est trop compacte, il y a beaucoup d'autres bars à proximité immédiate. (0212-245 7513 ; angle Sofyalı Sokak et Jurnal Sokak, Asmalımescit ; 16h-4h ; M Şişhane, Tünel)

### Markus Tavern

PUB

52 PLAN P. 122, D3

Niché dans une enclave avant-gardiste derrière le lycée Galatasaray, ce bar de hipsters est réputé pour ses burgers au bœuf (19 ₺) et ses tacos (25-28 ₺) garnis de porc effiloché ou d'agneau braisé et de houmous. Bière Bomonti (la star locale) à la pression et bières locales et importées en bouteille. (0544 252 0062 ; www.markusribs.com/tavern ; Hayriye Caddesi 16, Galatasaray ; 18h-2h jeu-sam ; ; M Taksim, Taksim)

### Kronotrop

CAFÉ

53 PLAN P. 122, E3

Les spécialistes du café ont proliféré à İstanbul ces dernières années, et cet établissement tendance, en face de la mosquée Firuz Ağa à Cihangir, a été l'un des fers de lance du mouvement. Il appartient au restaurateur renommé Mehmet Gürs, qui importe des cafés du monde entier et les fait torréfier dans sa brûlerie du quartier voisin de Maslak.

Plats dans une *lokanta*

## Bars historiques

Pour remonter le temps jusqu'à l'époque où l'Orient-Express avait son terminus à İstanbul et où les riches voyageurs européens descendaient dans les hôtels luxueux de Péra (actuel Beyoğlu), offrez-vous un cocktail au Büyük Londra Otelı ou au Pera Palace Hotel (p. 127). Dans ces établissements du XIXe siècle, les bars n'ont guère changé.

Expresso, infusion à froid, filtre, Aeropress, Chemex et techniques turques traditionnelles. (0212-249 9271 ; www.kronotrop.com.tr/en ; Firuzağa Cami Sokak 2b, Cihangir ; 7h30-21h lun-ven, 10h-22h sam, 10h-21h dim ; ; M Taksim, Taksim)

### Manda Batmaz

CAFÉ

54 PLAN P. 122, B3

Vous en avez assez de ces lieux à la mode ? Le lieu de torréfaction du café vous laisse de marbre ? Cette institution locale est faite pour vous. Servant le meilleur café turc de Beyoğlu depuis 1967, elle a récemment ouvert une extension moderne juste à côté, mais les tasses de café ultra-épais n'ont rien perdu de leur délicieux goût bien corsé. (0212-243 7737 ; www.mandabatmaz.com.tr ; Olivia Geçidi 1a, près d'İstiklal Caddesi ; 9h-minuit lun-jeu, 9h-1h ven-sam, 10h-minuit dim ; M Şişhane, Tünel)

### 360

BAR

55 PLAN P. 122, C3

À juste titre, le bar le plus réputé d'İstanbul. Si vous parvenez à vous installer sur l'un des tabourets de la terrasse, vous contemplerez un panorama fabuleux. L'établissement se transforme en club après minuit le vendredi et le samedi ; un droit d'entrée d'environ 60 ₺ (une boisson incluse) est alors exigé. La nourriture est hors de prix et décevante – ne venez pas ici pour dîner. (0533 691 0360 ; www.360istanbul.com ; 8e ét, İstiklal Caddesi 163, Galatasaray ; 12h-2h dim-jeu, 12h-4h ven et sam ; ; M Şişhane, Tünel)

### Leb-i Derya

BAR

56 PLAN P. 122, B5

Au dernier étage d'un édifice délabré en retrait d'İstiklal, Leb-i Derya profite d'un merveilleux point de vue sur la vieille ville et le Bosphore : les tables de la petite terrasse extérieure et les places au bar sont donc très convoitées. Beaucoup apprécient la cuisine méditerranéenne moderne et onéreuse, mais nous n'avons pas été convaincus. Nous recommandons la partie bar. (0541 366 8480 ; www.lebiderya.com ; 6e ét, Kumbaracı İş Hanı, Kumbaracı Yokuşu 57, Tünel ; 16h-2h ; ; M Şişhane, Tünel)

### Hazzo Pulo Çay Bahçesis

JARDINS DE THÉ

57 PLAN P. 122, B3

Il n'y a pas autant de jardins de thé traditionnels à Beyoğlu que sur la péninsule historique. Ces *çay bahçesis*, dans une cour pavée pittoresque, sont donc très prisés des habitants, qui viennent s'y relaxer autour d'un thé, d'un café et d'un narghilé (30-55 ₺). Pour accéder à la cour depuis İstiklal Caddesi, traversez l'étroit passage truffé de stands de bijoux tape-à-l'œil. (Haco Pulu Çay Bahçesis ; Hazzo Pulo Pasajı ; 8h-3h ; M Şişhane, Tünel)

### Büyük Londra Otelı

BAR

58 PLAN P. 122, B3

Au rez-de-chaussée du Grand London Hotel, ce bar n'a pas tellement changé depuis son ouverture en 1891. Commandez un gin tonic et imprégnez-vous de l'ambiance vintage. (Grand London Hotel ; 0212-245 0670 ; Meşrutiyet Caddesi 53, Tepebaşı ; 8h-2h ; ; M Şişhane, Tünel)

### 5 Kat

BAR

59 PLAN P. 122, E3

Cette institution d'İstanbul existe depuis plus de 20 ans. Elle plaira à tous ceux qui ne supportent pas le style chargé de nombreux bars chics de Beyoğlu. En hiver, les boissons sont servies dans le bar de style boudoir au 5e étage ; en été, l'action se déplace sur le toit-terrasse. Dans les deux cas, la vue sur le Bosphore est fabuleuse. (0212-293 3774 ; www.5kat.com ; 5e ét, Soğancı Sokak 7, Cihangir ;

Büyük Londra Otelı

### Culture café

Ces dernières années, la "troisième vague" du café a déferlé sur la ville. Pour goûter les meilleures versions du petit noir nouvelle génération, rendez-vous à Coffee Sapiens (p. 138), Kronotrop (p. 139) et Old Java (p. 141). Autre possibilité : une tasse de *Türk khavesi* (café turc) très épais et fort en goût, préparé de façon traditionnelle dans l'institution locale Manda Batmaz (p. 139).

17h-2h lun-ven, 10h-2h sam, 11h-2h dim ; ; M Taksim, Taksim)

### Chado

SALON DE THÉ

60 PLAN P. 122, D3

Installé au milieu des innombrables cafés de Cihangir, ce salon de thé paisible et douillet propose un choix de 60 thés, ainsi que du *chai masala*, du matcha et du kombucha. Choix limité de sandwichs et gâteaux. ( 0507-785 5185 ; www.chado.com.tr ; Ağa Hamamı Sokak 13a, Cihangir ; 9h-22h lun-jeu, 9h-23h ven-dim ; ; M Taksim, Taksim)

### Old Java

CAFÉ

61 PLAN P. 122, B6

Ici, les cafés sont soigneusement sélectionnés et torréfiés sur place, servis dans un cadre branché où se croisent accros à la caféine et hipsters barbus. ( 0212-243 9455 ; www.oldjavacoffee.com ; Tartar Beyi Sokak 8, Galata ; 8h30-20h30 ; ; M Şişhane, Tünel)

### Smyrna

BAR

62 PLAN P. 122, E4

Premier bar bohème de la rue la plus animée de Cihangir, Smyrna se distingue par son ambiance décontractée, sa décoration rétro et sa clientèle sensible à l'art et à la littérature. Si vous souhaitez prolonger la soirée sur place, des plats sont proposés. ( 0212-244 2466 ; Akarsu Yokuşu 29, Cihangir ; 10h-4h ; ; M Taksim, Taksim)

### MiniMüzikHol

CLUB

63 PLAN P. 122, E3

Jadis le rendez-vous des hipsters du centre-ville, ce petit temple de la house et de la techno, près de Taksim, a perdu de sa superbe mais reste fréquenté par ses fidèles habitués. C'est le fief des DJ stambouliotes Barış K, Mini Başhekim, DJ Tutan, Subsky et Undomondo. (MMH ; 0212-245 1996 ; www.minimuzikhol.com ; Soğancı Sokak 7, Cihangir ; gratuit ; minuit-5h30 ven-sam ; M Taksim, Taksim)

## Sortir

### Musée Galata Mevlevi

SPECTACLE VIVANT

64 PLAN P. 122, B5

Tous les dimanches, des *sema* (cérémonies d'une heure) de derviches tourneurs se déroulent dans la *semahane* (salle) du XVe siècle au centre de ce *tekke* (loge de derviches, p. 124). C'est le plus authentique des *sema* accessibles aux touristes. Achetez votre billet la veille ou le matin du spectacle. (Galata Mevlevihanesi Müzesi ; Galipdede Caddesi 15, Tünel ; adulte/- de 7 ans 100 ₺/gratuity ; représentations 17h dim ; M Şişhane, Tünel)

## Salon İKSV

MUSIQUE LIVE

65 PLAN P. 122, A5

Cette salle de spectacle intime, dans le bâtiment de l'İKSV (Fondation pour la culture et les arts d'İstanbul), accueille des concerts (classique, jazz, rock alternatif, world music), des lectures et des représentations théâtrales. Consultez ses pages Facebook et Twitter pour connaître la programmation et réservez via Biletix (p. 30) ou la billetterie de la salle. (0212-334 0755 ; www.saloniksv.com/en ; rdc, İKSV, Sadi Konuralp Caddesi 5, Şişhane ; oct-mai ; M Şişhane, Tünel)

## Nardis Jazz Club

JAZZ

66 PLAN P. 122, B6

À proximité de la tour de Galata, ce club intimiste, qui porte le nom d'un morceau de Miles Davis, est tenu par le guitariste de jazz Önder Focan et son épouse Zuhal. Il accueille des amateurs talentueux, des musiciens locaux reconnus et des artistes étrangers. Mieux vaut arriver tôt pour obtenir une table bien placée (pas de réservation). Un menu limité est proposé pour dîner ou grignoter. (0212-244 6327 ;

Derviches tourneurs au musée Galata Mevlevi

GURCAN OZTURK/GETTY IMAGES ©

www.nardisjazz.com ; Kuledibi Sokak 14, Galata ; tarif variable ; 20h30-00h30 lun-jeu, 21h30-1h30 ven-sam, fermé en août ; M Şişhane, Tünel)

### Borusan Art
SPECTACLE VIVANT

67 PLAN P. 122, B4

Dans un bel immeuble d'İstiklal, cet excellent centre culturel privé propose des concerts de musique classique, de jazz, de musiques du monde et de musique contemporaine dans son auditorium. Des spectacles de danse sont parfois programmés. (Borusan Sanat ; 0212-705 8700 ; www.borusansanat.com/en ; İstiklal Caddesi 160a ; M Şişhane, Tünel)

### Munzur Cafe & Bar
MUSIQUE LIVE

68 PLAN P. 122, D2

À Galatasaray, Hasnun Galip Sokak regroupe plusieurs *evleri* de *türkü*, des bars kurdes dans lesquels des musiciens viennent jouer de la *halk meziği* (musique traditionnelle) très émouvante. Depuis 20 ans, cet établissement accueille des chanteurs et des virtuoses du *bağlama* (luth). (0212-245 4669 ; www.munzurcafebar.com ; Hasnun Galip Sokak 17, Galatasaray ; 13h-4h, musique à partir de 21h ; M Taksim, Taksim)

### Başka Sinema
CINÉMA

69 PLAN P. 122, C2

Cette association d'art et d'essai projette des films classiques, alternatifs et expérimentaux au Beyoğlu Cinema. (0212-251 3240 ; www.baskasinema.com ; Halep Pasajı, İstiklal Caddesi 62 ; M Taksim, Taksim)

## Shopping

### Özlem Tuna
ARTICLES POUR LA MAISON

70 PLAN P. 122, D4

Fleuron du design turc contemporain, Özlem Tuna imagine des articles pour la maison et des bijoux d'une grande élégance et les vend dans sa boutique près de l'arrêt de tram Tophane. Ses bols de hammam, services à thé et à café, dessous de verre, bijoux et boutons de manchettes se distinguent par des formes et des couleurs qui font référence à l'histoire et à la culture d'İstanbul (tulipes, mouettes, mosaïques byzantines et amulettes mauvais œil *nazar boncuk*). (0212-527 9285 ; www.ozlemtuna.com ; Boğazkesen Caddesi 63a, Tophane ; 9h30-19h lun-ven, 10-19h sam ; Tophane)

### 3rd Culture
ARTICLES POUR LA MAISON

71 PLAN P. 122, D4

De retour à İstanbul après de nombreuses années passées à sillonner le monde, Emre (le frère) et Zeynep Lale (la sœur) Rende ont décidé d'ouvrir un *concept store* spécialisé dans les articles pour la maison et le mobilier, fabriqués à İstanbul mais inspirés de leurs pérégrinations. Mention spéciale aux tirages en édition limitée d'Emre, photojournaliste de profession. (0543 732 3633 ;

www.3rdcultureproject.com ; Çukurcuma Caddesi 38b, Çukurcuma ; 10h-19h lun-sam, 11h-19h dim)

## Eyüp Sabri Tuncer

BEAUTÉ

72 PLAN P. 122, C7

Les Turcs de tous âges raffolent des eaux de Cologne et des produits de beauté conçus par cette entreprise locale, créée en 1923. Ses baumes corporels et savons à la *doğal zeytınyağlı* (huile d'olive naturelle) sont bon marché au vu de leur qualité. (0212-244 0098 ; www.eyupsabrituncer.com ; Mumhane Caddesi 10, Karaköy ; 10h-19h ; Karaköy)

## Mekhann

TEXTILES

73 PLAN P. 122, D5

L'annexe de Beyoğlu d'une célèbre boutique du Grand Bazar (p. 92) est située près de l'arrêt de tram Tophane. Spécialiste des textiles haut de gamme importés d'Ouzbékistan. (0212-249 7849 ; www.mekhann.com ; Boğazkesen Caddesi 32a, Tophane ; 10h30-18h30 ; Tophane)

## Nilüfer Karaca

VÊTEMENTS

74 PLAN P. 122, C3

La créatrice stambouliote Nilüfer Karaca imagine des pièces dans des tons doux, que l'on peut choisir dans les rayons ou se faire confectionner sur mesure en 2 à 3 jours. Également de très beaux sacs, chaussures et chapeaux. (0212-251 8614 ; www.niluferkaraca.com.tr ; Yenicarşı Caddesi 9, Galatasaray ; 10h30-20h lun-sam, 12h-19h dim ; M Taksim, Taksim)

## Opus3a

MUSIQUE

75 PLAN P. 122, F4

Vous souhaitez compléter votre collection de CD ou de vinyles avec de la musique turque ? Rendez-vous dans ce vaste magasin de Cihangir, où les vendeurs pourront vous conseiller les meilleurs disques du pays. (0212-251 8405 ; www.opus3a.com ; Cihangir Caddesi 3a, Cihangir ; 11h-20h lun-sam, midi-19h dim ; M Taksim, Taksim)

## Mabel Çikolata

ALIMENTATION

76 PLAN P. 122, C8

La chocolaterie préférée des Stambouliotes a ouvert en 1947, et son logo, comme sa boutique

Denizler Kitabevi (p. 147)

### NOH Radio Pub

Émettant depuis le sous-sol de son minuscule local, juste en retrait d'İstiklal Caddesi, la station de radio indépendante **NOH Radio** (plan p. 122, D3 ; 0532 594 1188 ; www.facebook.com/NohRadio ; Hayriye Caddesi 18d, Galatasaray ; 17h-1h mar-jeu et dim, 17h-2h ven-sam ; M Taksim, Taksim) diffuse en direct sur Facebook et YouTube et organise des sessions danse et apéros très prisées le week-end. En semaine, c'est un endroit décontracté pour prendre un café, un cocktail, une bière ou un verre de vin.

phare, n'a guère changé depuis. Au lait, noires ou aromatisées, toutes les variétés sont aussi délicieuses les unes que les autres. Autre adresse à Nişantaşı. (0212-244 3462 ; www.mabel.com.tr ; Gümrük Sokak 11, Karaköy ; 9h-19h lun-sam ; Karaköy)

## Nahıl

ARTISANAT

77 PLAN P. 122, D1

Le feutre, la dentelle, la broderie, les savons naturels et les peluches de cette jolie boutique sont fabriqués par des femmes défavorisées issues de régions rurales de Turquie. Tous les bénéfices leur sont reversés. (0212-251 9085 ; www.nahil.com.tr ; Bekar Sokak 17, Taksim ; 10h-19h lun-sam ; M Taksim, Taksim)

## Hiç

ARTICLES POUR LA MAISON

78 PLAN P. 122, C6

Cette boutique d'artisanat contemporain à Tophane figure parmi les destinations favorites des experts du design stambouliotes. On y trouve notamment des œuvres d'art, des coussins, des sacs, des foulards en soie, des lampes, des objets en verre et en porcelaine, porcelaine, et des accessoires en feutre. Tout est artisanal. (0212-251 9873 ; www.hiccrafts.com ; Lüleci Hendek Caddesi 35, Tophane ; 11h-19h lun-sam ; Tophane)

## Ali Muhiddin Hacı Bekir

CONFISERIE

79 PLAN P. 122, D2

À Beyoğlu, la filiale de ce célèbre vendeur de loukoums se double d'un café (p. 94). (0212-244 2804 ; www.hacibekir.com.tr ; İstiklal Caddesi 83, Taksim ; 7h30-21h lun-sam, 9h-21h dim ; M Taksim, Taksim)

## A La Turca

TAPIS

80 PLAN P. 122, D3

Des textiles et kilims anatoliens anciens ainsi que de splendides objets ottomans sont vendus dans cette fabuleuse boutique de Çukurcuma. Il s'agit du meilleur quartier de la ville pour dénicher des antiquités et bibelots, et A La Turca est probablement la plus intéressante de toutes les adresses. Sonnez à la porte pour entrer. (0212-245 2933 ; www.alaturcahouse.com ; Faik Paşa Caddesi 4, Çukurcuma ; 10h30-19h30 lun-sam ; M Taksim)

### Denizler Kitabevi

CARTES

81 PLAN P. 122, B4

L'une des rares boutiques intéressantes d'İstiklal, Denizler Kitabevi vend des cartes, gravures et livres anciens, ainsi que des photographies et des cartes postales. (0212-249 8893 ; www.denizlerkitabevi.com ; İstiklal Caddesi 199a ; 10h-20h lun-sam, 12h-20h dim ; M Şişhane, Tünel)

### Pandora Kitabevi

LIVRES

82 PLAN P. 122, D2

Une librairie sur trois étages installée de longue date. (0212-243 3503 ; www.pandora.com.tr ; Büyük Parmakkapı Sokak 3, Taksim ; 10h-20h lun-mer, 10h-21h jeu-sam, 13h-20h dim ; M Taksim, Taksim)

### Lale Plak

MUSIQUE

83 PLAN P. 122, B5

Cette petite boutique débordant de CD propose une belle sélection de musique turque classique, jazz et traditionnelle. Une adresse prisée des musiciens stambouliotes. (0212-293 7739 ; www.facebook.com/laleplak1 ; Galipdede Caddesi 1, Tünel ; 9h-19h30 lun-ven, 9h-20h sam, 12h-19h dim ; M Şişhane, Tünel)

### La Cave Wine Shop

VINS

84 PLAN P. 122, E4

Un choix incroyable de vins locaux et importés. Les vendeurs connaissent la différence entre un chablis et un chardonnay, et même si leur anglais est rudimentaire, ils se feront un plaisir de vous conseiller les meilleures bouteilles turques. (La Cave Şarap Evi ; 0212-243 2405 ; Sıraselviler Caddesi 109, Cihangir ; 10h-20h30 lun-sam, 13h-18h dim ; M Taksim, Taksim)

### Mephisto

MUSIQUE

85 PLAN P. 122, C2

Si vous appréciez ou voulez découvrir la musique turque, ne manquez pas cette boutique réputée. Outre la vaste collection de CD de musique turque populaire, vous découvrirez un large choix de musique turque traditionnelle, classique et jazz. Également des DVD et un café à l'étage. (0212-249 0696 ; www.mephisto.com.tr ; İstiklal Caddesi 125 ; 9h-minuit ; M Taksim, Taksim)

Explorer

# Palais de Dolmabahçe et Bosphore

*Reliant la mer de Marmara (Marmara Denizi) à la mer Noire (Karadeniz), le détroit du Bosphore est l'axe principal de la ville mais aussi son plus grand trésor. D'un côté, l'Europe, de l'autre, l'Asie – les deux rives sont bordées de yalı (demeures du front de mer) historiques datant de l'époque ottomane.*

## Notre sélection

- ***Palais de Dolmabahçe (p. 150)****. Explorer la résidence des derniers sultans ottomans.*
- ***Palais de Beylerbeyi (p. 152)****. Découvrir le lieu où les sultans et leur famille se baignaient dans le Bosphore.*
- ***Musée Sakıp Sabancı (p. 161)****. S'enthousiasmer devant une exposition superbe dans cette demeure palatiale surplombant le détroit.*
- ***Hıdiv Kasrı (p. 162)****. Se promener au milieu des tulipes dans les sublimes jardins de cette villa Art nouveau perchée sur une colline.*

## Comment y aller et circuler

Des croisières partent d'Eminönü, Karaköy, Kabataş, Beşiktaş, Ortaköy et Üsküdar ; il existe des liaisons avec montée et descente à volonté depuis Kabataş et Beşiktaş ; des ferries font la navette entre Eminönü et Beşiktaş, Arnavutköy, Emirgan, İstinye, Sarıyer et Rumeli Kavağı.

Depuis Kabataş, Beşiktaş et Taksim (rive européenne) ; depuis Üsküdar et Kadıköy (rive asiatique).

**Plan du Bosphore p. 158**

Palais de Dolmabahçe (p. 150) SUMBUL/GETTY IMAGES ©

Les incontournables

# Palais de Dolmabahçe

*Située au bord de l'eau, cette résidence du XIXe siècle agrémentée d'un jardin à la française symbolise la fin glorieuse de la dynastie impériale ottomane et la modernisation du pays. On y entre par un portail impérial au style travaillé avant de découvrir le* selâmlık *(quartier cérémoniel), le* harem *et les* Veliaht Dairesi *(appartements du prince héritier). Ce dernier renferme le musée de la Peinture des palais nationaux.*

PLAN P. 158, A4

Dolmabahçe Sarayı

0212-327 2626

www.millisaraylar.gov.tr/en/palaces/dolmabahce-palace

Dolmabahçe Caddesi, Beşiktaş

tarif plein/réduit Selâmlık 90/45 ₺/gratuit, Harem 60/30 ₺

9h-17h30 mar-dim

Kabataş

## Intérieur

Voulue par le sultan Abdülmecit Ier (règne 1839-1861), cette demeure évoque étroitement le Palais Garnier. De fait, l'aménagement intérieur de ce palais du XIXe siècle fut confié à Charles Séchan, qui réalisa également une partie des décors de l'Opéra parisien.

## Le selâmlık

Le *selâmlık*, qui était réservé aux hommes et servait pour l'apparat, est décoré d'un escalier en cristal façonné en Angleterre, de vases en porcelaine de Sèvres et de lustres en cristal de Baccarat. L'immense *muayede salonu* (salle des cérémonies) est garnie d'un tapis de Héréké de 124 m² et d'un lustre en cristal de 4,5 tonnes. Également deux salles d'exposition contenant des objets issus des collections du palais.

## Le harem

Le harem, accessible depuis le côté nord du palais, est (un peu) plus sobre que le *selâmlık*. Les éléments les plus remarquables sont les plafonds peints. La visite permet de découvrir des chambres, des salons, et des hammams.

## La chambre d'Atatürk

C'est à Dolmabahçe qu'Atatürk, le premier président de la République turque, séjournait quand il était à İstanbul. Et c'est ici qu'il mourut, le 10 novembre 1938. La visite du harem passe par sa chambre, où le lit est recouvert du drapeau turc et où l'horloge est arrêtée à 9h05, heure à laquelle il rendit son dernier soupir.

## Le musée de la Peinture des Palais nationaux

Les Veliaht Dairesi abritent la collection de peintures du XIXe siècle du palais, qui comprend des œuvres d'artistes turcs et internationaux ; voir p. 160.

### ★ À savoir

- Pour le *selâmlık* et le harem, la visite se fait avec un audioguide (inclus dans le billet). Pour Veliaht Dairesi, un billet distinct est nécessaire.
- Le *selâmlık* est plus intéressant que le harem.
- Votre billet vous permettra d'accéder au musée de l'Horloge, dans les jardins. Vous y verrez des horloges du XIXe siècle provenant de la collection du palais.
- Le Museum Pass İstanbul n'est pas valable pour la visite de ce palais.

### ✗ Une petite pause ?

- Dans les jardins du palais, un **café** permet de jouir d'un point de vue imprenable sur le Bosphore : un lieu idéal pour un *çay*.
- Après la visite, n'hésitez pas à faire un tour au Craft Beer Lab (p. 165) pour une bière artisanale, un burger ou des pâtes.

## Les incontournables

# Palais de Beylerbeyi

*Cet édifice de 1865 meublé avec opulence fut conçu par Sarkis Balyan, frère de Nikoğos (architecte du palais de Dolmabahçe). Utilisé comme retraite estivale, il enchanta son commanditaire, le sultan Abdül Aziz (règne 1861-1876), ains que les nombreux dignitaires étrangers qui le visitèrent. Son dernier "hôte" impérial fut l'ancien sultan Abdülhamid II, qui y passa les six dernières années de sa vie, assigné à résidence.*

PLAN P. 158, G6

Beylerbeyi Sarayı

0212-327 2626

www.millisaraylar.gov.tr/en/palaces/beylerbeyi-palace

Abdullah Ağa Caddesi, Beylerbeyi

tarif plein/réduit 50/25 ₺

9h-17h30 mar-dim

15 depuis Üsküdar, Beylerbeyi

## Le palais

Les audioguides sont fournis avec le billet d'entrée et ils donnent des informations sur l'édifice et ses anciens résidents. Vous passerez par le majestueux **Selâmlık** et le petit mais luxueux **harem**, tous deux décorés de lustres en cristal de Bohême, de vases Ming et de somptueux tapis de Héréké. Ne manquez pas l'entrée dotée d'un immense bassin en marbre et d'une fontaine pour se rafraîchir en été, les appartements du sultan, richement peints et dorés et les murs lambrissés de la salle d'audience du sultan, dotée d'un lustre en cristal de Baccarat, d'un tapis de Héréké et d'un point de vue imprenable sur le Bosphore.

## Fresques maritimes

Abdül Aziz vouait une passion à tous les éléments maritimes, en particulier à la marine ottomane, qui durant son règne s'enorgueillissait de la troisième plus grande flotte du monde (derrière les flottes britannique et française). Pour Beylerbeyi, il demanda à l'artiste polonais Stanislaw Chlebowski de peindre des fresques navales et maritimes sur les nombreux murs et plafonds. De nombreuses œuvres de Chlebowski furent réalisées à partir de croquis préparés par le sultan lui-même.

## Pavillons au bord de l'eau

Juste à côté du Bosphore, remarquez un embarcadère en marbre sculpté. C'est là qu'étaient amarrés les caïques (bateaux à rames en bois richement décorés) dans lesquels les sultans et leur entourage se déplaçaient. De chaque côté de ce ponton, deux petits pavillons en marbre sont surmontés de toits évoquant des tentes ; l'un était réservé au sultan et à ses invités, l'autre à la sultane validé (mère du sultan) et aux femmes du harem.

### ★ À savoir

- Après votre visite, vous pourrez marcher jusqu'au faubourg voisin de Kuzguncuk, qui possède de nombreux édifices en bois de l'époque ottomane et une rue commerçante chaleureuse.

### Une petite pause ?

Dans les jardins du palais, un petit **café** aménagé dans un pavillon sert du *çay*, du café et des boissons sans alcool.

# Croisière en ferry sur le Bosphore

*Il existe plusieurs façons d'explorer le Bosphore en bateau : des balades courtes, des croisières avec montée et descente à volonté et des trajets en ferries publics. L'Uzun Boğaz Turu (circuit long sur le Bosphore), organisé par la compagnie de ferry de la municipalité, İstanbul Şehir Hatları est le choix le plus populaire. C'est l'itinéraire que nous décrivons ci-après ; le ferry parcourt toute la longueur du détroit en 1 heure 35 (aller).*

## Infos pratiques

Le ferry part d'Eminönü tous les jours à 10h35 ; départ d'Anadolu Kavağı à 15h. Aller-retour : adulte/6-11 ans/- de 6 ans 25/12,50 ₺/gratuit (ou 15/7,50 ₺/gratuit pour l'aller si vous décidez de faire le retour en bus).

### ❶ Kız Kulesi

En remontant le détroit, la rive asiatique se trouve sur la droite et la rive européenne sur la gauche. La **Kız Kulesi**, une tour du XVIIIe siècle, se dresse sur une petite île au large de la rive asiatique, près d'Üsküdar. Elle a servi de phare et de station de quarantaine.

### ❷ Secteur des palais

Après le **palais de Dolmabahçe** (p. 150) sur la rive européenne, le ferry s'arrête à Beşiktaş et Üsküdar puis longe les **palais de Çırağan** et **de Feriye** sur la gauche, construits au XIXe siècle pour le sultan Abdül Aziz. Le premier abrite un hôtel de luxe tandis que le second a été aménagé en campus pour l'université de Galatasaray.

### ❸ Mosquée d'Ortaköy

Cette mosquée du XIXe siècle (p. 161) sur la rive européenne semble minuscule à côté du **pont des Martyrs-du-15-Juillet**, inauguré en 1973, pour les 50 ans de la République turque.

### ❹ Palais de Beylerbeyi

En face d'Ortaköy (presque sous le pont, ce **palais** ottoman (p. 152) fut construit comme résidence d'été du sultan Abdül Aziz.

### ❺ Mosquée de Çamlıca

Surplombant Beylerbeyi, la Çamlıca Tepesi (colline de Çamlıca) est l'un des points culminants de la ville et accueille depuis 2019 la **mosquée de Çamlıca**, la plus grande mosquée de Turquie, commande de l'AKP au pouvoir ; la gigantesque plateforme est surmontée de dômes étagés et de six minarets.

### ❻ Consulat égyptien

Sur la rive européenne, dans le faubourg glamour de Bebek, cette **villa Art nouveau**, propriété de l'Égypte, comporte deux tours mansardées surmontées d'oiseaux évoquant des ibis. Elle fut construite pour Emine Hanım, mère du dernier khédive (vice-roi) d'Égypte.

### ❼ Küçüksu Kasrı

Ce **pavillon de chasse** (p. 162) de style rococo fut édifié en 1856-1857 pour le sultan Abdül Mecit, dans un secteur surnommé “les eaux douces d'Asie”.

### ❽ Rumeli Hisarı

Près du pont Fatih Sultan Mehmet, les Ottomans ont édifié deux forteresses au point le plus étroit du détroit : **Rumeli Hisarı** (forteresse de l'Europe ; p. 160) sur la berge européenne et **Anadolu Hisarı** (forteresse d'Anatolie, aujourd'hui en ruine) sur la berge asiatique.

### ❾ Perili Köşk

Entre la Rumeli Hisari et le pont, l'édifice agrémenté d'une tour est surnommé **Perili Köşk** (Maison

Hantée). Sa construction débuta vers 1910 mais s'arrêta quand l'Empire ottoman entra dans la Première Guerre mondiale. Il demeura vide très longtemps, ce qui lui valut sa réputation de maison hantée. Rénové, il abrite le **Borusan Contemporary** (p. 161).



## ⑩ Les yalı

Construits comme résidences d'été pour l'aristocratie ottomane et les ambassadeurs aux XVII^e^, XVIII^e^ et XIX^e^ siècles, les maisons en bois appelées *yalı* des rives du Bosphore sont protégées par des lois de conservation du patrimoine. Plusieurs exemples importants d'un point de vue historique et architectural sont situés à Anadolu Hisarı et ses environs.

## ⑪ Kanlıca

Le ferry s'arrête dans ce **village du Bosphore**, célèbre pour son délicieux yaourt ; il est vendu sur le bateau et dans deux cafés de la place ombragée, au bord de l'eau. Haut perchée sur un promontoire au-dessus du village, **Hıdiv Kasrı** (p. 162) est une villa Art nouveau dotée d'un jardin remarquable – repérez sa tour carrée blanche.

## ⑫ Emirgan

Sur la rive opposée, dans le faubourg huppé d'Emirgan, se trouve le **musée Sakıp Sabancı** (p. 161), aménagé dans une villa des années 1920 avec jardin. Plus haut s'étendent les **Emirgan Korusu** (forêt).

## ⑬ Huber Yalı

Juste avant la crique et la marina de Tarabya, sur la rive européenne, repérez le bulbe doré du grand **yalı** couleur crème, au toit rouge, qui fut construit pour les frères Huber, des armuriers allemands. C'est la résidence présidentielle.

## ⑭ Büyükdere

Au XIX^e^ siècle, de nombreux diplomates étrangers possédaient une ambassade d'été dans ce village au nord de Tarabya. Aujourd'hui, on y trouve le **musée Sadberk Hanım** (p. 160) et le **Vehbi Koç Büyükdere Evi** (p. 162), des institutions culturelles créées par la famille Koç, propriétaire du plus grand empire commercial de Turquie.

## ⑮ Pont Yavuz Sultan Selim (Troisième Pont)

Après une pause à Sarıyer, le ferry continue jusqu'à Rumeli Kavağı. Juste avant l'arrivée, vous verrez ce **pont suspendu** inauguré en 2016, près de l'embouchure de la mer Noire.

## ⑯ Anadolu Kavağı

Le dernier arrêt est Anadolu Kavağı, un ancien village de pêcheurs dont l'économie locale repose désormais sur le tourisme. Perchées au-dessus du village, les ruines du château médiéval **Anadolu Kavağı Kalesi** surplombent à la fois la mer Noire et le Bosphore.

A
B
C
D
1
2
3
4
5
6
DİKİLİAŞ
Barış Sk
Cedidiye Sk
Ihlamur-Yıldız Cad
Tatarhüseyin Sk
Ihlamur-Yıldız Cad
Palanga Cad
Musevi Mesarlığı
23
Parc Yıldız
Yıldızbostanı Sk
Odalar Sk
Çömezler Sk
Parc Abbasağa
Yıldız Cad
21
YILDIZ
Yahya Efendi Sk
Dizi Sk
Nüzhetiye Cad
Mısırlı Bahçe Sk
Akdoğan Sk
Barbaros Bul
Serencebey Yokuşu
Eski Konak Sk
Asariye Sk
Müvezzi Cad
Selamlık Cad
Ilhan Sk
Çitlenbik Sk
Çırağan Cad
24
15
VİŞNEZADE
19
Enis Akaygen Sk
Ortabahçe Cad
BEŞİKTAŞ
17
16
22
Süleyman Seba (Spor) Cad
2
Tomb of Barbarossa
Beşiktaş Yalı Sk
Musée de la Marine d'İstanbul
İskele Cad
İskele Yolu
Parc Taşlı
Dolmabahçe Cad
1
Musée de la Peinture des Palais nationaux
Palais de Dolmabahçe
Détroit du Bosphore (Boğaziçi)
Nos adresses
Les incontournables p. 150
Voir p. 160
Se restaurer p. 162
Prendre un verre p. 165
Shopping p. 167
0
500 m
N
Paşa Limanı Cad

E
F
G
H
1
2
3
4
5
6
0
2 km
Lozan Sk
Gültekin Sk
Ortaköy Dereboyu Cad
MECİDİYE
Stands de kümpir ou de gaufres
Çevirmeci Sk
ORTAKÖY
Muallim Naci Cad
House Cafe
26
7
Ortaköy Meydanı
İskele Meydanı
Mosquée d'Ortaköy
Pont sur le Bosphore (pont des Martyrs-du-15-juillet)
Voir insert
Paşa Limanı Cad
Selman-i Pak Cad
SARıYER
BÜYÜKDERE
Vehbi Koç Büyükdere Evi
Musée Sadberk Hanım
10
4
ANADOLU KAVAĞI
Détroit du Bosphore (Boğaziçi)
BEYKOZ
KIREÇBURNU
11
TARABYA
EUROPE (AVRUPA)
YENİKÖY
İSTİNYE
12
EMİRGAN
Musée Sakıp Sabancı
5
Hıdiv Kasrı
ÇUBUKLU
9
14
Pont Fatih Sultan Mehmet
BALTA LIMANı
KANLıCA
6
Borusan Contemporary
Boğaziçi Üniversitesi
13
Etiler
3
Rumeli Hisarı
ANADOLU HİSARI
ETILER
25
28
8
KÜÇÜKSU
BEBEK
29
Küçüksu Kasrı
KANDİLLİ
20
ARNAVUTKÖY
VANIKÖY
18
27
Pont sur le Bosphore (pont des Martyrs-du-15-juillet)
ÇENGELKÖY
ASIA (ASYA)
Palais de Beylerbeyi
BEYLERBEYI

# Voir

## Musée de la Peinture des Palais nationaux MUSÉE

1 PLAN P. 158, A4

Les Veliaht Dairesi accueillent la collection de peintures du palais de Domabahçe. Ne manquez pas la salle consacrée aux peintres turcs de 1870 à 1890, au rez-de-chaussée (avec deux toiles d'Osman Hamdi Bey) et la salle où sont présentées des vues d'İstanbul à l'étage (dont des scènes de rue du XIXe siècle du Français Germain Fabius Brest). Le musée est accessible depuis les jardins (à gauche en sortant du Selamlık) ou depuis Dolmabahçe Caddesi, avant que la rue ne devienne Beşiktaş Caddesi. (Milli Saraylar Resim Müzesi ; 0212-236 9000 ; www.millisaraylar.gov.tr/en/museums/painting-museum ; Dolmabahçe Caddesi, Beşiktaş ; tarif plein/réduit 30/15 ₺ ; 9h-17h30 mar-dim ; 43 de Taksim à Akaretler, Beşiktaş)

## Musée de la Marine d'İstanbul HISTOIRE NAVALE

2 PLAN P. 158, B3

Fondé il y a plus d'un siècle, ce musée présente une magnifique collection de caïques de sultans du XIXe siècle dans le hall d'exposition plaqué de cuivre, inauguré en 2013. Expositions temporaires au rez-de-chaussée. (İstanbul Deniz Müzesi ; 0212-327 4345 ; denizmuzesi.dzkk.tsk.tr/en ; Beşiktaş Caddesi 6, Beşiktaş ; 12 ₺ ; 9h-17h mar-ven, 10h-18h sam-dim ; 22, 22B, 25E de Kabataş à Bahçeşehir Üniversitesi, Beşiktaş)

## Rumeli Hisarı FORTERESSE

3 PLAN P. 158, G4

Avant la construction du pont Fatih Sultan Mehmet dans les années 1980, cette forteresse était le point de repère de ce secteur. Elle fut édifiée sur ordre de Mehmet le Conquérant en 1452 à l'endroit le plus étroit du détroit ; sur la rive opposée, l'**Anadolu Hisarı** (forteresse d'Anatolie ; 15, 15KÇ et 15ŞN depuis Üsküdar, 15F depuis Kadıköy) a été érigée en 1393-1395. Ces édifices permettaient aux Ottomans de contrôler le trafic maritime et d'interdire tout ravitaillement de la ville par la mer, ce qui contribua à la victoire ottomane sur la Constantinople byzantine. (Forteresse d'Europe ; 0212-263 5305 ; Yahya Kemal Caddesi 42, Rumeli Hisarı ; adulte/- de 8 ans 18 ₺/gratuit ; 9h-16h30 jeu-mar oct-mars, 9h-18h30 avr-sept ; 22 et 25E depuis Kabataş, 22RE et 40 depuis Beşiktaş, 40, 40T et 42T depuis Taksim)

## Musée Sadberk Hanım ANTIQUITÉS

4 PLAN P. 158, G1

Nommé en l'honneur de l'épouse de feu Vehbi Koç, fondateur du plus grand empire commercial de la Turquie, ce musée occupe deux *yalı* de la fin du XIXe siècle et sert de vitrine aux artefacts turco-musulmans glanés par Sadberk Hanim, et aux antiquités de la collection Hüseyin Kocabaş : céramiques d'İznik et de Kütahya, soieries et costumes ottomans, verrerie des périodes grecque, hellénistique et romaine ou bijoux des périodes mycénienne, archaïque et classique. (0212-242 3813 ; www.sadberkhanimmuzesi.org.tr ; Piyasa Caddesi 25-29, Büyükdere ; adulte/enfant 10/3 ₺ ; 10h-16h30 jeu-mar ; 22, 22B et 25E depuis Kabataş, 22RE depuis Beşiktaş, 40, 40T et 42T depuis Taksim, Sarıyer)

### Musée Sakıp Sabancı

MANUSCRITS

5 PLAN P. 158, G3

Installé dans le faubourg huppé d'Emirgan, ce musée possède une collection de calligraphies et de manuscrits ottomans, qui occupe une demeure de 1925 conçue par l'architecte italien Edouard De Nari pour le prince égyptien Mehmed Ali Hasan. Les expositions temporaires sont présentées dans l'extension moderne réalisée par le cabinet stambouliote Savaş, Erkel et Çırakoğlu. L'arrêt de bus Çınaraltı est en face du musée. (0212-277 2200 ; www.sakipsabancimuzesi.org ; Sakıp Sabancı Caddesi 42, Emirgan ; tarif plein/étudiant/- de 14 ans 30/20 ₺/gratuit, mer gratuit ; 10h-17h30 mar, jeu et ven-dim, 10h-19h30 mer ; 22 et 25E depuis Kabataş, 22RE et 40 depuis Beşiktaş, 40, 40T et 42T depuis Taksim, Emirgan)

### Borusan Contemporary

CENTRE CULTUREL

6 PLAN P. 158, G4

Aménagé dans la Perili Köşk (Maison Hantée), un édifice excentrique orné d'une tourelle, ce centre culturel niché sous la partie ouest du pont Fatih Sultan Mehmet abrite la collection d'art contemporain de Borusan Holding, un conglomérat spécialisé dans l'acier, l'énergie et la logistique. La programmation est protéiforme : expositions artistiques, événements, et installations créées spécialement pour le site, avec un accent sur les arts numériques et la vidéo. Également un café avec une vue superbe sur le Bosphore. (0212-393 5200 ; www.borusancontemporary.com ; Perili Köşk, Baltalimanı Hisar Caddesi 5, Rumeli Hisarı ; tarif plein/étudiant/- de 12 ans 20/10 ₺/gratuit ; 10h-18h sam-dim ; 22 et 25E depuis Kabataş, 22RE et 40 depuis Beşiktaş, 40, 40T et 42T depuis Taksim)

### Mosquée d'Ortaköy

7 PLAN P. 158, E2

Conçu par Nikoğos Balyan, l'un des architectes du palais de Dolmabahçe, cet édifice baroque fut construit pour le sultan Abdülmecit Ier entre 1853 et 1855. Le pont sur le Bosphore (pont des Martyrs-du-15-juillet) se dresse derrière la mosquée restaurée. (Ortaköy Camii, Büyük Mecidiye Camii ; İskele Meydanı, Ortaköy ; 22, 22B, 25E de Kabataş à Ortaköy, Ortaköy)

### Küçüksu Kasrı

ÉDIFICE REMARQUABLE

8 PLAN P. 158, G5

Ce pavillon de chasse richement décoré fut édifié en 1856-1857 pour le sultan Abdül Mecit. De précédents sultans possédaient des kiosques en bois à l'endroit où le Bosphore rencontre le Göksü Deresi ("ruisseau"), mais cette fois, l'architecte Nikoğos Balyan imagina un bijou rococo en marbre. Depuis le bateau, vous pourrez admirer les grilles en fer forgé, l'embarcadère et l'extérieur sophistiqué. Les visites de l'intérieur sont enrichies par un audioguide (inclus dans le billet). Il y a un café dans un pavillon voisin. (0212-327 2626 ; www.millisaraylar.gov.tr/saraylar/kucuksu-kasri ; Küçüksu Caddesi, Küçüksu ; tarif plein/étudiant/- de 7 ans 20/5 ₺/gratuit ; 9h-16h30 mar-dim ; 15, 15E, 15H, 15KÇ, 15M, 15N, 15P, 15ŞN, 15T, 15U depuis Üsküdar, 14R et 15YK depuis Kadıköy, Küçüksu)

### Hıdiv Kasrı

ÉDIFICE REMARQUABLE

9 PLAN P. 158, H4

Dans un ravissant jardin, cette villa palatiale de style Art nouveau fut édifiée en 1906 comme résidence d'été du *hıdiv* (khédive ou vice-roi) d'Égypte, Abbas Hilmi II. Au sommet du promontoire le plus impressionnant du Bosphore, elle abrite un restaurant, un café et un centre de réception. Venez en avril, pendant la fête de la Tulipe d'İstanbul. (Villa du Khédive ; 0216-413 9664 ; www.beltur.com.tr ; Çubuklu Yolu 32, Çubuklu ; gratuit ; 9h-22h30 ; 15E depuis Üsküdar, Kanlıca)

### Vehbi Koç Büyükdere Evi

TAPIS

10 PLAN P. 158, G1

Aménagé dans l'ancienne résidence d'été de la famille Koç, ce musée conserve une collection de 36 kilims anatoliens (tapis tissés) réunis par la photographe et ethnographe américaine Josephine Powell (1919-2007), la première étrangère autorisée à voyager en Turquie après la fondation de la République. La plupart des tapis datent du XIXe siècle et sont accompagnés de panneaux explicatifs (en anglais et en turc). (0212-242 3815 ; www.vkv.org.tr ; Piyasa Caddesi 109, Büyükdere ; gratuit ; 10h-17h jeu-mar ; 22, 22B et 25E depuis Kabataş, 22RE depuis Beşiktaş, 40, 40T et 42T depuis Taksim, Sarıyer)

## Se restaurer

### Kıyı

PRODUITS DE LA MER €€€

11 PLAN P. 158, G2

Ce vaste restaurant, dont le nom signifie "corégone" (un poisson d'eau douce) régale les habitants depuis les années 1960 et demeure prisé de nombreux décideurs de la ville. En été, la terrasse à l'étage est très fréquentée ; en hiver, l'action se déplace dans la salle à manger. Les plats sont classiques mais

## Tombeau de Barbarossa

Situé dans un petit parc devant l'*iskele* (quai des ferries) de Beşiktaş, ce **tombeau** (Barbaros Heyrettin Paşa Türbe ; plan p. 158, B3; près de Beşiktaş Caddesi, Beşiktaş ; 22, 22B, 25E depuis Kabataş jsqu'à Bahçeşehir Üniversitesi, Beşiktaş) conçu par Mimar Sinan, architecte de Soliman le Magnifique, est la sépulture de l'amiral de Soliman, Barbaros Heyrettin Paşa (1483-1546), plus connu sous le nom de Barbarossa, "Barbe Rousse" en italien. D'abord corsaire, Barbarossa aida son frère Oruç à prendre Alger aux Espagnols. Les frères fondèrent leur sultanat et Barbarossa finit par devenir *Kapudan Pasha* (amiral) de la flotte ottomane en 1533.

délicieux. (0212-262 0002 ; www.kiyi.com.tr ; Haydar Aliyev Caddesi 186, Tarabya ; mezze 15-70 ₺, plats de produits de la mer au poids ; 12h-23h ; ; 22, 25E et 29C depuis Kabataş, 22RE et 40 depuis Beşiktaş, 40, 40T et 42T depuis Taksim)

### Apartıman INTERNATIONAL €€€

12 PLAN P. 158, G3

Ancienne spécialiste de design industriel, la cheffe Burçak Kazdal apporte son esprit de créatrice à la décoration et à la carte de sa brasserie-café-bar haut de gamme, dans la rue principale du secteur branché de Yenıköy. Les tables sont agencées sur trois niveaux, dans un cadre chic et contemporain pour des plats aux accents français préparés et présentés avec brio. (0212-223 4477 ; www.facebook.com/apartimanyenikoy ; Köybaşı Caddesi 153, Yenıköy ; entrées 17-49 ₺, plats 48-82 ₺ ; 10h-minuit mar-jeu, 10h-1h ven-sam, 10h-23h dim ; ; 25E depuis Kabataş, 42T depuis Taksim)

### Sade Kahve TURC €

13 PLAN P. 158, G4

Cette institution stambouliote sert toute la journée des petits-déjeuners savoureux et bon marché. Tables en terrasse. (0212-263 8800 ; www.sadekahve.com.tr ; Yahya Kemal Caddesi 20a, Rumeli Hisarı ; petit-déjeuner 57 ₺, gözleme 18-22 ₺ ; 7h-0h30 ; 22 et 25E depuis Kabataş, 22RE et 40 depuis Beşiktaş, 40, 40T et 42T depuis Taksim)

### Emirgan Sütiş CAFÉ €

14 PLAN P. 158, G4

Cette annexe d'une chaîne populaire est agrémentée d'une terrasse verdoyante au bord de l'eau. Elle est réputée pour ses petits-déjeuners servis toute la journée et son choix de délices sucrés – testez un *simit* (petite couronne de pain aux graines de sésame) avec de la *bal kaymak* (crème caillée et miel) le matin et un *muhallebisi* (pudding au lait) l'après-midi. (0212-323 5030 ; www.sutis.com.tr ; Sakıp Sabancı Caddesi 1, Emirgan ; plats petit-déj 6-21 ₺, gâteaux et puddings 13-20 ₺ ; 6h30-1h ; P ; 22 et 25E depuis Kabataş, 22RE et 40 depuis Beşiktaş, 40, 40T et 42T depuis Taksim, Emirgan)

## Kadife Meze

TURC €€

15 PLAN P. 158, A3

Plus petit et discret que la moyenne des *meyhane* de Beşiktaş, cet établissement est spécialisé dans les produits de la mer – goûtez le *levrek marin* (bar mariné à la moutarde, au citron et au vinaigre), l'*ızgara ahtapot* (poulpe grillé) et le *levrek* (bar) enrobé de feuilles de vigne. Savoureuse soupe de poisson (le vendredi). (0212-259 7232 ; kadifemeze@gmail.com ; Sair Nedim Cadessi 38a, Beşiktaş ; mezze 8-42 ₺, plats de produits de la mer 38-52 ₺ ; 17h-minuit lun-ven, 12h-minuit sam ; 43 depuis Taksim jusqu'à Akaretler)

## Antakya Mutfağı & Meyhanesi

TURC €€

16 PLAN P. 158, A3

La cuisine épicée aux influences arabes de la province de Hatay (sud-est de la Turquie) est la spécialité de ce restaurant de type bistrot, dans le secteur Akaretler de Beşiktaş. La délicieuse gamme de kebabs, galettes et mezze comprend des classiques et des spécialités régionales. Le restaurant vend ses propres sauces au poivre, à la grenade, de la confiture de noix et autres produits maison. (antakyamutfagi.eatbu.com ; Şair Nedim Caddesi 18, Akaretler, Beşiktaş ; mezze ₺10-17, kebab ₺26-46; 8h-minuit ; 43 depuis Taksim, Beşiktaş)

## Minoa

CAFÉ €€

17 PLAN P. 158, A3

Les grandes fenêtres et le carrelage coloré contribuent à la convivialité de ce café-librairie où l'on peut se régaler d'un café et d'un gâteau, d'un sandwich ou d'une salade ou encore d'une assiette de fromage accompagnée d'un verre de vin. Bon choix de livres et magazines, en turc et anglais. (0212-236 9452 ; Süleyman Seba Caddesi 52a, Park Apartmanı, Vişnezade ; plats petit-déj 9-45 ₺, sandwich 32-48 ₺, salade 40-52 ₺ ; 8h-1h lun-ven, 10h-1h sam-dim ; 43 depuis Taksim)

## Aşşk Kahve

CAFÉ €€

18 PLAN P. 158, F5

Venez tôt pour obtenir une table au bord du Bosphore, de préférence le week-end et savourez un petit-déjeuner turc. Sandwichs, pizzas et cocktails sont servis plus tard dans la journée. Accessible via l'escalier derrière le Macrocenter. (0212-265 4734 ; www.asskkahve.com ; Muallim Naci Caddesi 64b, Kuruçeşme ; brunch 20-49 ₺ ; 9h-0h30, fermé lun en hiver ; ; 22, 22B, 25E depuis Kabataş jusqu'à Muallim Naci)

### 7-8 Hasanpaşa Fırını

BOULANGERIE €

19 PLAN P. 158, B3

Depuis longtemps appréciée des habitants dans le Beşiktaş *çarşı* (secteur du marché), cette petite boulangerie traditionnelle produit des délices salés et sucrés, pour la plupart facturés aux 100 g : biscuits à l'*acıbadem* (amande) et au *portakallı* (orange) ou *tahinli çöreği*, une pâtisserie fourrée au tahini. (0212-261 9766 ; Şehit Asım Caddesi 8, Beşiktaş ; à partir de 4 ₺ ; 6h-21h30 ; 29C, 58N depuis Kabataş, Beşiktaş)

### Girandola

GLACIER €

20 PLAN P. 158, G5

Au bout d'Arnavutköy côté Bebek, cet adorable café est réputé pour sa glace à l'italienne (cornet ou petit pot). Parfums très variés, ceux aux fruits frais sont très bons. (0212-265 2629 ; www.facebook.com/GirandolaGelatoItaliano ; Arnavutköy Caddesi 109, Arnavutköy ; glace à partir de 9 ₺ ; 10h-1h mar-dim, tlj en été ; ; 22, 22RE et 25E depuis Kabataş, 40, 40T et 42T depuis Taksim, Arnavutköy)

## Prendre un verre

### Summit Bar & Terrace

BAR À COCKTAILS

21 PLAN P. 158, B2

Vue imprenable sur le Bosphore, bons cocktails, cuisine internationale, concerts de jazz, soirées musicales prisées les mercredis et samedis et DJ le vendredi. (0212-310 2525 ; 14e ét, Conrad Hotel, Saray Caddesi 5, Beşiktaş ; 12h-1h30 ; ; 129T et 559C depuis Taksim jusqu'à Barbaros Bulvarı)

### Yıldız Parkı

Vaste et luxuriant, ce **parc** (plan p. 158, D2 ; Çırağan Caddesi, Yıldız ; ; 22 et 25E depuis Kabataş, 22RE et 40 depuis Beşiktaş, 40, 40T et 42T depuis Taksim) situé près d'Ortaköy accueille les oiseaux, les familles en pique-nique et les jeunes couples. Dans l'angle nord-est, la Malta Köşkü, construite en 1870, fut la demeure du sultan Mourat V, destitué par son frère le sultan Abdülhamid II en 1876 et emprisonné ici. Le kiosque est aménagé en café-restaurant (p. 166).

### Craft Beer Lab

BIÈRE ARTISANALE

22 PLAN P. 158, A3

De nombreuses bières internationales en bouteille et une bonne sélection de bières locales et internationales à la pression vous attendent dans cette brasserie animée de Beşiktaş, à l'intérieur industriel-chic. Vaste cour avec parasols et chauffages d'appoint. Plats internationaux (28-65 ₺). (0212-236 9192 ; www.facebook.com/craftbeerlab ;

Şair Nedim Caddesi 4, Akaretler, Beşiktaş ; 11h30-2h30 dim-jeu, 11h30-3h30 ven-sam ; 43 depuis Taksim, Beşiktaş)

### Malta Köşkü

CAFÉ

23 PLAN P. 158, D1

Ce restaurant-salle de réception, (sans licence de débit de boissons) occupe un bâtiment de 1870 où Abdülhamit II enferma son frère Mourat V après l'avoir détrôné en 1876. La terrasse donne sur le Bosphore, tout comme la salle de l'étage, au plafond très décoré. Le service est parfois lent et revêche : venez plutôt pour un thé ou un café que pour un repas. (0216-413 9253 ; www.beltur.istanbul/malta-kosku.asp ; Yıldız Parkı, Beşiktaş ; 9h-23h ; 22, 22B, 25E depuis Kabataş)

Çırağan Palace Kempinski Hotel

IMAGE PROFESSIONALS GMBH/ALAMY STOCK PHOTO ©

### Çırağan Palace Kempinski Hotel

BAR

24 PLAN P. 158, D3

Cassez votre tirelire pour prendre une boisson à la terrasse du Çırağan. Vous aurez un aperçu de la vie de la jet-set stambouliote et profiterez de l'animation autour de la plus belle piscine de la ville, au bord du Bosphore. L'hôtel occupe une partie du **palais de Çırağan** (Çırağan Sarayı), construit au XIXe siècle. Pass journalier pour la piscine : 100 € du lundi au jeudi, 160 € du vendredi au dimanche. (0212-326 4646 ; www.kempinski.com ; Çırağan Caddesi 32, Beşiktaş ; 22, 22B, 25E depuis Kabataş, Beşiktaş)

### Lucca

BISTROT

25 PLAN P. 158, G5

Les vendredis et samedis soir, les jeunes branchés envahissent la terrasse sur rue de ce bistrot adulé depuis 2005. L'atmosphère est plus décontractée en semaine. Cuisine internationale, cafés et cocktails sont très réussis. (0212-257 1255 ; www.luccastyle.com ; Cevdetpaşa Caddesi 51, Bebek ; 12h-2h lun, 10h-2h mar-dim ; ; 22, 22B et 25E depuis Kabataş, 22RE et 40 depuis Beşiktaş, 40, 40T et 42T depuis Taksim)

### Banyan

TOIT-TERRASSE

26 PLAN P. 158, E2

La vue de la terrasse est imbattable, mais on ne peut pas en dire autant de la cuisine aux influences asiatiques (plats 50-160 ₺). Limitez-vous à un cocktail

## Un repas à Ortaköy

Fondé durant l'époque byzantine, Ortaköy ("village du milieu" en turc) ne fut longtemps qu'un petit village de pêcheurs. Aujourd'hui, les rues entourant sa *meydanı* (place) au bord de l'eau sont jalonnées de bars et de restaurants. Près de la mosquée d'Ortaköy, des **stands** (plan p. 158, E2 ; Mecidiye Köprüsü Sokak ; kümpir ou gaufres 25 ₺ ; 11h-22h ; 22, 22B, 25E depuis Kabataş jusqu'à Ortaköy, Ortaköy) vendent des gaufres et des *kümpir* (pommes de terre au four farcies). De l'autre côté de la *meydanı*, le **House Cafe** (plan p. 158, E2 ; 0212-227 2699 ; www.thehousecafe.com ; Salhane Sokak 1 ; plats petit-déj 18-38 ₺, plats 29-72 ₺ ; 8h-minuit lun-sam, 9h-minuit dim ; ; 22, 22B, 25E depuis Kabataş, Ortaköy), au bord de l'eau, est une adresse prisée pour un café ou un brunch le week-end.

au coucher du soleil. (0212-259 9060 ; www.banyanrestaurant.com ; 2e ét, Salhane Sokak 3, Ortaköy; 12h-minuit ; 22, 22B, 25E depuis Kabataş, Ortaköy)

# Shopping

### Olive Farm — COSMÉTIQUES

27 PLAN P. 158, F5

Olive Farm est basée à Datça, dans une région réputée pour ses olives. L'entreprise cultive ses olives bio et les utilise dans une large gamme de produits (huile alimentaire, cosmétiques et articles de toilette). Comme d'autres produits de la ferme, (confitures, vinaigre, objets sculptés en bois d'olivier) ils sont vendus dans l'immense boutique derrière le Macrocenter à Kuruçeşme. (0212-263 0642 ; www.olivefarm.com.tr ; Muallim Naci Caddesi 64, Kuruçeşme ; 9h-18h ; 22, 22B, 25E depuis Kabataş jusqu'à Muallim Naci)

### Midnight Express — MODE ET ACCESSOIRES

28 PLAN P. 158, G5

Ce *concept store* serait le plus tendance de la ville. Vêtements pour femmes de créateurs turcs et internationaux, bijoux, produits de beauté et articles pour la maison. (0212-263 2111 ; www.midnight.com.tr ; Küçük Bebek Caddesi, Bebek ; 10h30-19h30 lun-sam ; 22, 22B, 25E depuis Kabataş)

### Kismet — BIJOUX

29 PLAN P. 158, G5

Cette bijouterie installée en sous-sol dans le secteur huppé de Bebek présente les créations de Milka Karaağaçlı. Difficile de résister. (0212-358 2277 ; www.kismetbymilka.com ; Kahraman Apt, Küçük Bebek Caddesi 3a, Bebek ; 10h-19h ; 22 , 22B, 25E depuis Kabataş)

Vaut le détour

# Rive asiatique

*İstanbul est la seule ville du monde à cheval sur deux continents, et le trajet en ferry entre les rives européenne et asiatique sera l'une des expériences les plus plaisantes de votre séjour : vous profiterez d'une vue panoramique sur un incroyable paysage urbain. Nous vous conseillons vivement de passer la matinée au marché de Kadıköy avant de consacrer l'après-midi aux splendides mosquées impériales d'Üsküdar.*

## Comment circuler

Les bus n°s12 et 12A relient Üsküdar et Kadıköy ; les arrêts de bus se situent en face des *iskeles* (quais des ferries).

## Kadıköy

Depuis quelques années, les habitants sont de plus en plus nombreux à déserter la rive européenne pour la rive asiatique, s'installant dans les faubourgs situés au sud du pont des Martyrs-du-15-juillet). Le quartier animé de Kadıköy et son annexe Moda sont les plus intéressants pour les visiteurs, qui y trouveront le meilleur **marché de produits frais** (Kadıköy Pazarı ; rues autour de Güneşlibahçe Sokak ; 8h-19h lun-sam ; Kadıköy, M Kadıköy) d'İstanbul, d'excellents restaurants, des cafés conviviaux, des bars underground (surtout le long de Kadife Sokak) et une ambiance alternative.

Kadıköy est le centre de la ville en matière de *street art* et les rues de **Yeldeğirmeni**, près de l'*iskele*, sont ornées de fresques d'artistes locaux et internationaux ; beaucoup ont été créées lors du Mural İstanbul Festival. Rendez-vous à Karakolhane Sokak près des voies ferrées, Misak-ı Milli Sokak, İzzettin Sokak et Macit Erbudak Sokak pour admirer quelques œuvres.

## Üsküdar

Quartier ouvrier à la population conservatrice, Üsküdar ne possède pas la profusion de cafés, bars et restaurants qui caractérise d'autres quartiers de la ville, mais il a une autre carte à jouer : ses magnifiques mosquées impériales de l'époque ottomane. Citons notamment la **mosquée de Şemsi Ahmed Paşa** (photo) au bord de l'eau, la **mosquée de la sultane Mihrimah** en face de l'*iskele*, l'immense ensemble de la **mosquée Atik Valide** à flanc de colline et sa proche voisine, la petite **mosquée Çinili**, ornée de céramiques. Les voyageurs qui choisiront de consacrer du temps à ces monuments historiques vivront une expérience différente mais authentique. Les femmes devront prévoir un châle ou un foulard pour se couvrir la tête dans les mosquées.

### ★ Comment y aller

- Les ferries İstanbul Şehir Hatları se rendent à Üsküdar et Kadıköy depuis Eminönü, et à Kadıköy depuis Karaköy et Beşiktaş. Turyol dessert Üsküdar depuis Eminönü et Karaköy, tandis que Dentur va à Üsküdar au départ de Beşiktaş.
- Le métro Marmaray circule de Sirkeci à Üsküdar et Ayrılık Çeşmesi, où une autre ligne assure la liaison jusqu'à Kadıköy.

### Une petite pause ?

- Dans le marché de Kadıköy, **Çiya Sofrası** (www.ciya.com.tr ; Güneşlibahçe Sokak 43 ; petite assiette de mezze 12-15 ₺, portions 18-55 ₺ ; 11h-21h ; ) propose des spécialités régionales.
- **Borsam Taş Fırın** (www.borsamtasfirin.com ; Güneşlibahçe Sokak 22 ; lahmacun 7-10 ₺ ; 10h-22h) sert d'excellentes *lahmacun*.
- Également à proximité, **Fazıl Bey** (Serasker Caddesi 1; 8h-23h) est réputé pour son *Türk kahve* (café turc).

# Carnet pratique



Mosquée de Şemsi Ahmed Paşa (p. 173) MITZO/SHUTTERSTOCK ©

# Avant de partir

## Hébergement

- Choisissez le quartier correspondant le mieux à vos centres d'intérêt puis cherchez un hébergement en accord avec votre style et votre budget – les options ne manquent pas, en particulier à Sultanahmet et Beyoğlu.
- Pendant les pics touristiques, notamment le printemps, l'automne et Noël, il est important de réserver bien à l'avance.
- En raison d'un désaccord de longue date entre booking.com et le gouvernement turc, il n'est pas possible de se connecter à ce site en Turquie. Toutefois, vous pourrez l'utiliser avant de partir pour réserver des hébergements en Turquie.
- Beaucoup de voyageurs passent par des services de location de logements privés comme Airbnb.

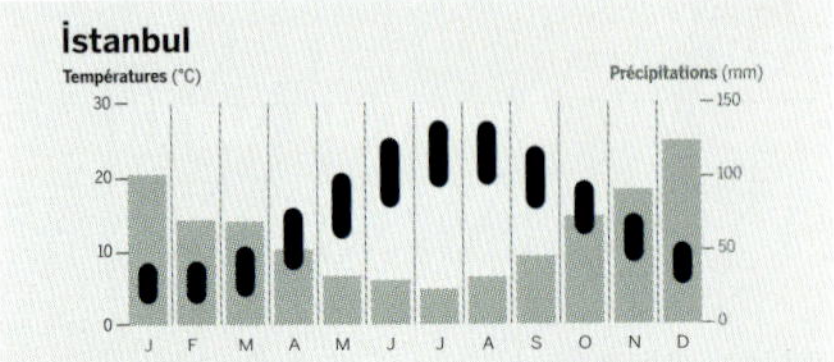


## Quand partir

- **Avril, mai, sept et oct** La meilleure période, avec une météo plaisante et beaucoup de festivals.
- **Juin-août** La chaleur peut être harassante.
- **Nov-mars** Le froid est parfois mordant.

## Petits budgets

**Hotel Şebnem** (sebnemhotel.turkiye-tr.com). Cadre sobre mais élégant et fabuleux toit-terrasse.

**Marmara Guesthouse** (www.marmaraguesthouse.com). Chambres 3 étoiles et prix 1 étoile.

**Hotel Alilass** (www.hotelalilass.com). L'atmosphère et les services d'un boutique-hôtel, à petit prix.

**Akin House** (www.akin-house.hotel-istanbul.net). Chambres bon marché et confortables dans des maisons en bois traditionnelles, dans le quartier pittoresque de Balat.

**Cheers Hostel** (www.cheershostel.com). Une auberge de jeunesse de Sultanahmet installée de longue date et bien gérée.

## Catégorie moyenne

**Hotel Ibrahim Pasha** (www.ibrahimpasha.com). Boutique-hôtel exemplaire doté d'un excellent emplacement proche de l'hippodrome.

**Hotel Empress Zoe** (www.emzoe.com). Sublime jardin et suites coquettes.

**Sirkeci Mansion** (www.sirkecimansion.com). Emplacement pratique et personnel merveilleusement accueillant.

**Louis Appartements** (www.louis-appartements.hotel-istanbul.net).

Chambres élégantes et confortables avec kitchenette.

**Hamamhane** (www.hammamhane.com). De bons prix pour ces suites et studios spacieux, dans l'atmosphère authentique de Çukurcuma.

**Witt Istanbul Hotel** (www.wittistanbul.com). Des suites très raffinées et parfaitement équipées, dans l'enclave d'expats de Cihangir.

### Catégorie supérieure

**Four Seasons Istanbul at the Bosphorus** (www.fourseasons.com/bosphorus). Restaurants, impressionnant spa, chambres de luxe et magnifique piscine.

**Pera Palace Hotel** (www.perapalace.com) Service et confort exceptionnels dans un cadre historique.

**Four Seasons Istanbul at Sultanahmet** (www.fourseasons.com/istanbul). Adresse luxueuse avec un excellent emplacement près de Sainte Sophie et de la Mosquée bleue.

**Sofa Hotel** (www.thesofahotel.com). Boutique-hôtel dans le quartier commerçant haut de gamme de Teşvikiye.

# Arriver à İstanbul

## Aéroport d'İstanbul

- Inauguré récemment mais encore inachevé, le principal **aéroport** (☎ 444 1442, Whatsapp 0549 563 3434 ; www.istairport.com/en ; Terminal Caddesi 1) se situe à Arnavutköy, du côté européen de la ville, près de la mer Noire.
- Le terminal international (*Dış Hatlar*) et le terminal national (*İç Hatlar*) ne fonctionnent pas encore à pleine capacité. Lorsqu'il sera achevé, en 2028, l'aéroport devrait pouvoir accueillir plus de 100 compagnies et 200 millions de passagers par an.
- L'aéroport possède des guichets de location de voitures, des DAB, des bureaux de change, un comptoir de l'office du tourisme et des stands d'opérateurs de téléphonie mobile.

### Bus de l'aéroport

- Des bus Havaist (Havataş ou Havaş) partent fréquemment au niveau du rez-de-chaussée du hall des arrivées. Ils desservent notamment Sultanahmet (18 ₺, toutes les 30 à 45 minutes, de 5h à 4h15, 1 heure à 1 heure 40 selon la circulation) et Taksim (18 ₺, toutes les 15 à 30 minutes, de 5h10 à 4h30, 40 minutes à 1 heure 20 selon la circulation).
- Le bus à destination de Sultanahmet s'arrête également à Eminönü.
- Vous aurez besoin d'une İstanbulkart (p. 180 ; 10 ₺, dont 4 ₺ de crédit) pour circuler en bus – vous pourrez l'acheter et la recharger aux automates près des arrêts de bus.

### Taxi

Un taxi pour Sultanahmet (50 minutes) coûte environ 135 ₺ ; comptez environ

## Voyages et changements climatiques

Tous les moyens de transport fonctionnant à l'énergie fossile génèrent du $CO_2$ – la principale cause du changement climatique induit par l'homme. L'industrie du voyage est aujourd'hui dépendante des avions. Si ceux-ci ne consomment pas nécessairement plus de carburant par kilomètre et par personne que la plupart des voitures, ils parcourent en revanche des distances bien plus grandes et relâchent quantité de particules et de gaz à effet de serre dans les couches supérieures de l'atmosphère. De nombreux sites Internet utilisent des "compteurs de carbone" permettant aux voyageurs de compenser le niveau des gaz à effet de serre dont ils sont responsables par une contribution financière à des projets respectueux de l'environnement. Lonely Planet "compense" les émissions de tout son personnel et de ses auteurs.

130 ₺ pour Beyoğlu (40 minutes).

### Aéroport Sabiha Gökçen

- Le deuxième **aéroport** international (SAW, Sabiha Gökçen Havalımanı ; ☎0216-588 8888 ; www.sabihagokcen.aero/homepage) se situe à Pendik/Kurtköy, sur la rive asiatique.
- L'aéroport possède des guichets de location de voitures, des DAB, des bureaux de change, un comptoir de l'office du tourisme et des stands d'opérateurs de téléphonie mobile.

### Bus de l'aéroport

Les bus Havaist se rendent à Taksim (18 ₺, toutes les 15 à 30 minutes, de 4h à 1h, 40 minutes à 1 heure 30), d'où un funiculaire (5 ₺) et un tram (5 ₺) desservent Sultanahmet. Les bus desservent aussi Kadıköy (14 ₺, toutes les 30 minutes, de 4h à 1h, 1 heure).

### Taxi

Un taxi coûte 175 ₺ pour Sultanahmet et 165 ₺ pour Beyoğlu. Le temps de trajet dépend de la circulation.

### Esenler Otogarı

Souvent appelée simplement "Otogar" (gare routière), la principale gare routière de la ville pour les liaisons nationales et internationales est située à Esenler, dans la municipalité de Bayrampaşa, à environ 10 km à l'ouest de Sultanahmet.

### Métro

- La ligne de métro reliant Aksaray à l'aéroport international Atatürk, presque entièrement hors service, s'arrête ici (arrêt Otogar). D'Otogar, vous pourrez prendre le métro pour Zeytinburnu (5 ₺), puis enchaîner facilement avec un tram (5 ₺) jusqu'à Sultanahmet ou Kabataş/Taksim.
- Ces trajets en métro et tram seront moins

chers si vous achetez et rechargez votre İstanbulkart aux automates à l'entrée du métro.

## Bus

Si vous vous rendez à Beyoğlu, le bus n°830 part du centre de l'Otogar toutes les 15 minutes entre 6h et 21h50 ; comptez environ 1 heure pour gagner Taksim Meydanı. Vous aurez besoin d'une İstanbulkart.

## Taxi

Prévoyez environ 45 ₺ pour Sultanahmet et 50 ₺ pour Taksim.

## Gare Halkalı

Un train de nuit international dessert İstanbul au départ de Sofia, en Bulgarie : le Sofya-İstanbul Ekspresi. Au moment de nos recherches, ce train arrivait à la gare Halkalı, du côté européen de la ville.

## Train

Le Marmaray (toutes les 15 minutes, 5 ₺) relie Halkalı à la gare Sirkeci, d'où des trams desservent à la fois Beyoğlu et Sultanhamet.

## Depuis la France

- À titre indicatif, les tarifs les plus intéressants pour un aller-retour Paris-İstanbul (vols directs) sont compris entre 100 et 200 € selon la saison. Comptez environ 3 heures 30 de vol.
- **Air France** (✆ 36 54 ; www.airfrance.fr) assure en temps normal trois vols quotidiens Paris-CDG-İstanbul Atatürk.
- **Turkish Airlines** (www.turkishairlines.com), la compagnie nationale turque propose des directs quotidiens Paris-CDG-İstanbul Atatürk ou Sabiha Gökçen, ainsi que des vols directs au départ de Lyon, Marseille, Nice et Toulouse.
- À destination de l'aéroport Sabiha Gökçen, la low cost turque **Pegasus Airlines** (✆ 0 170 060 140 ; www.flypgs.com/fr) assure des vols directs au départ de Paris-Orly, ainsi que des aéroports de Lyon-Saint-Exupéry et Bâle-Mulhouse.

## Depuis la Belgique

- Au départ de Bruxelles, comptez de 100 à 250 € pour un aller-retour suivant la saison (vols directs, 3 heures 20).
- **Turkish Airlines** (www.turkishairlines.com) offre des vols quotidiens entre Bruxelles et İstanbul Atatürk ou Sabiha Gökçen.
- **Pegasus Airlines** (www.flypgs.com/fr) assure également des vols directs quotidiens Bruxelles-İstanbul Sabiha Gökçen.

## Depuis la Suisse

- Pour un aller-retour Zurich-Istanbul, les tarifs les plus intéressants avoisinent 140 FS (vols directs).
- Au départ de Genève, ils démarrent à 150 FS sur **Pegasus Airlines** (✆ 0 445 510 018 ; www.flypgs.com). Vous devrez souvent débourser beaucoup plus sur les autres compagnies.
- Depuis Bâle-Mulhouse, les premiers prix vont de 130 à 180 FS.
- Au départ de ces trois villes, comptez entre 2 heures 45 et 3 heures 10 de vol.

- **Turkish Airlines** (www.turkishairlines.com) offre des vols directs depuis Bâle-Mulhouse et Genève.
- Pegasus Airlines propose des vols directs au départ des aéroports de Bâle-Mulhouse, de Genève et de Zurich.

### Depuis le Canada

- **Air Canada** (☎0825 880 881 ; www.aircanada.com) propose des vols avec une escale (Francfort ou Munich). Pour un Montréal-İstanbul Atatürk, comptez au moins 1 500 $C (12 heures au minimum).
- **Turkish Airlines** (www.turkishairlines.com) assure des vols directs entre Montréal et İstanbul Atatürk (à partir de 1 250 $C, environ 9 heures 45).

## Comment circuler

### Tramway

- Une ligne de *tramvay* (tramway), très pratique, va de Bağcılar et Cevizlibağ, dans l'ouest de la ville, à Sultanahmet et à Eminönü. Elle franchit ensuite le pont de Galata en direction de Karaköy (où l'on peut prendre le funiculaire de Tünel) et de Kabataş (correspondance avec le funiculaire de Taksim).
- Les tramways circulent environ toutes les 5 minutes, de 6h à minuit.
- Les *jeton* (billets), qui coûtent 5 ₺, ou 2,60 ₺ avec l'İstanbulkart, s'achètent aux machines situées aux arrêts.
- Une nouvelle ligne de tram (T5) reliant Eminönü à l'*otogar* (gare routière) Alibeyköy et desservant les faubourgs de la Corne d'Or à l'ouest devait être inaugurée fin 2020.

### Funiculaire et téléphérique

- La ville compte deux funiculaires (*funıküleri*) et deux téléphériques (*teleferic*). Tous assurent des trajets courts (5 ₺) pouvant être payés avec une İstanbulkart.
- Le vieux funiculaire appelé Tünel relie Karaköy, au pied du pont de Galata (Galata Köprüsü), à la place Tünel (Tünel Meydanı), située à un bout d'İstiklal Caddesi. Cette liaison est assurée toutes les 5 minutes de 7h à 22h45.
- Le second funiculaire va de l'arrêt de tramway Kabataş à la station de métro Taksim. Il circule toutes les 5 minutes de 6h à 0h.
- Un téléphérique part de l'embarcadère d'Eyüp et monte jusqu'au Pierre Loti Café (toutes les 10 minutes, de 8h à 22h) ; sachez que les réductions pour des correspondances (tarification İstanbulkart) ne s'appliquent pas dans ce cas.

### Ferry

- Les principaux *iskeles* (embarcadères) se trouvent à l'embouchure de la Corne d'Or (Eminönü et Karaköy) et à Beşiktaş. On trouve d'autres embarcadères très empruntés à Kadıköy et à Üsküdar, sur la rive asiatique (anatolienne).
- Les horaires des ferries changent selon la saison : hiver (mi-septembre à mai) et été (juin à mi-septembre). Un service de ferry

24h/24 a été mis en place depuis fin janvier 2020. Les billets sont bon marché (5 ₺ en général) et on peut utiliser l'İstanbulkart pour presque tous les trajets.

## Itinéraires des ferries

Les liaisons suivantes, dans les deux sens, vous seront utiles :

- Beşiktaş-Kadıköy
- Beşiktaş-Üsküdar
- Kabataş-Üsküdar
- Eminönü-Kadıköy
- Eminönü-Üsküdar
- Karaköy-Kadıköy
- Karaköy-Üsküdar
- Üsküdar-Karaköy-Kasımpaşa-Fener-Balat-Hasköy-Ayvansaray-Sütlüce-Eyüp (ferry de la Corne d'Or)

Il existe aussi des liaisons plus limitées depuis/vers et entre les faubourgs du Bosphore.

## Métro

- Les métros partent toutes les 5 minutes entre 6h et minuit. Certaines lignes sont opérationnelles toute la nuit les vendredis et samedis.
- Les *jetons* coûtent 5 ₺ mais les trajets sont beaucoup moins chers en utilisant une İstanbulkart (p. 180). Le prix des billets double entre 0h30 et 5h30 durant le service nocturne du week-end. Les tarifs sont aussi plus élevés pour les longs trajets du Marmaray (le prix dépend de la longueur de la liaison).
- La ligne M1A relie Yenikapı, au sud-ouest de Sultanahmet, à l'aéroport international Atatürk, encore inachevé. Le train marque 16 arrêts, dont Aksaray et l'Otogar.
- La ligne M2 relie Yenikapı à Taksim, en s'arrêtant à Vezneciler, près du Grand Bazar ; sur le nouveau pont de la Corne d'Or ; et à Şişhane, près de Tünel, à Beyoğlu. Depuis Taksim, une autre ligne rejoint Hacıosman, au nord-est, via 9 stations.

## Marmaray

- Cette ligne de train relie Halkalı, à l'ouest de la vieille ville, à Ayrılak Çeşmesi, sur la rive asiatique, via un tunnel sous la mer de Marmara. Elle s'arrête notamment à Yenikapı, Sirkeci et Üsküdar et rejoint la ligne M4 qui relie Kadıköy à Tavşantepe.

## Taxi

- De très nombreux taxis jaunes circulent à İstanbul. Il existe également des taxis turquoise, plus récents, plus confortables et légèrement plus chers. En outre, ils sont plus susceptibles d'être équipés de ceintures de sécurité.
- Les tarifs des taxis sont très raisonnables et sont identiques de jour comme de nuit. Comptez environ 18 ₺ pour une course entre Beyoğlu et Sultanahmet.
- Si votre taxi doit traverser l'un des

## İstanbulkart

Le système de transports publics d'İstanbul est excellent et l'un de ses points forts est l'İstanbulkart, une carte de voyages rechargeable.

L'İstanbulkart est facile à utiliser. Quand vous monterez dans un bus ou franchirez le tourniquet d'un quai de ferry, d'un arrêt de métro ou d'une station de tram, présentez votre carte devant le lecteur et le tarif sera automatiquement débité. La carte permet de faire des économies substantielles (2,60 ₺ le trajet, contre 5 ₺ à l'unité, avec des tarifs réduits pour les correspondances pendant un laps de temps de 2 heures : 1,85 ₺ pour la première correspondance, 1,40 ₺ pour la deuxième et 0,90 ₺ pour la troisième). La carte peut être utilisée par plusieurs personnes (il faut la présenter devant le lecteur autant de fois qu'il y a de passagers pour chaque trajet).

Elle est en vente aux distributeurs présents dans les stations de métro, de ferry ou de funiculaire et il en existe plusieurs versions : carte anonyme (pour tous, 6 ₺), carte "bleue" (pour les abonnés, 10 ₺), carte de réduction (pour les étudiants, les enseignants et les plus de 60 ans) et une carte gratuite (pour les personnes bénéficiant de la gratuité dans les transports en commun). L'İstanbulkart peut se recharger (pour un montant compris entre 5 et 300 ₺) sur le site Web (bireysel.istanbulkart.istanbul), en kiosque, dans les machines installées sur les quais des bateaux, dans les stations de métro et aux arrêts de bus.

ponts sur le Bosphore pour aller de la rive européenne à la rive asiatique, le péage (7 ₺) sera à votre charge et ajouté au prix de la course. Il n'y a pas de péage dans l'autre sens (Asie-Europe).

- Uber est désormais autorisée à İstanbul, mais uniquement pour les taxis. Autrement dit, en réservant sur l'application Uber, vous réserverez... un taxi (jaune ou turquoise).

La compagnie locale de trajets partagés est BiTaksi (www.bitaksi.com/en).

## Bus

- Les nombreux embouteillages rallongent les trajets en bus.
- Les principaux arrêts de bus se trouvent sous Taksim Meydanı et à Beşiktaş, Kabataş, Eminönü, Kadıköy et Üsküdar ; la plupart des lignes sont opérationnelles de 6h à 23h.
- Vous devrez vous munir d'un titre de transport avant de monter à bord.
- Les horaires et itinéraires sont disponibles en anglais et en turc sur le site Internet de la compagnie de transports publics İstanbul Elektrik Tramvay ve Tünel (İETT, İstanbul Electricity, Tramway and Tunnel

General Management ; www.iett.gov.tr).

# Infos pratiques

## Argent

- On trouve des DAB partout. Les retraits d'espèces sont généralement limités à 600-800 ₺ par jour, mais ce montant fluctue d'une banque à l'autre.
- Les cartes Visa et MasterCard sont acceptées dans la plupart des hôtels, des agences de location de voiture, des magasins, des pharmacies, des salles de spectacle et des restaurants. Dans les restaurants bon marché, le règlement se fait exclusivement en espèces.
- Les bureaux de change (*döviz bürosus*) situés dans les halls des arrivées des aéroports internationaux pratiquent en principe des taux compétitifs. Ils sont ouverts 24h/24.
- Sur place, les tarifs des hôtels et des circuits organisés sont souvent indiqués en euros. Les autres prix sont généralement donnés en livres turques.

## Électricité

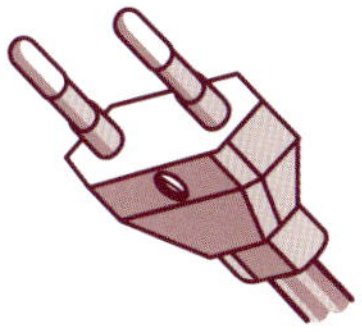

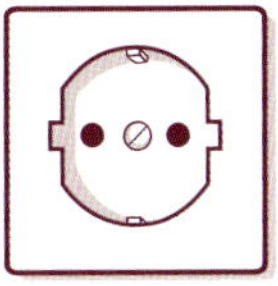

230 V/50 Hz

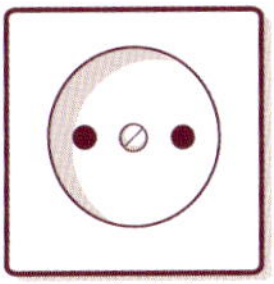

230 V/50 Hz

## Formalités et visas

- Pour un séjour touristique de moins de 3 mois, les Français

### Pas d'impairs

**Ponctualité** Soyez ponctuel pour tous vos rendez-vous.

**Invitations** Si vous invitez quelqu'un au restaurant, il est entendu que vous paierez l'addition.

**Ramadan** En période de ramadan, évitez de manger et de boire dans la rue pendant la journée.

**Langage corporel** Ne pointez jamais la semelle de vos chaussures en direction de quelqu'un et ne vous mouchez pas en public.

**Signes de la main** Ne levez pas le pouce en signe d'approbation, car ce geste a une connotation sexuelle en Turquie.

### Un fil d'ARIANE en voyage

Vous êtes ressortissant français ? Pensez à vous enregistrer sur le **portail Ariane** (pastel.diplomatie.gouv.fr/fildariane) du ministère des Affaires étrangères. Ce service gratuit vous permet de recevoir des alertes si la situation le justifie. Crise politique, catastrophe naturelle, attentat... recevez en temps réel des consignes de sécurité lors de votre voyage.

Il existe une application pour les Smartphones et les tablettes, intitulée *Conseils aux voyageurs.*

et les Suisses n'ont pas besoin de visa. Un passeport (ou une carte d'identité) valide suffit.

- Le passeport doit être valable au moins 90 jours après la date d'entrée en Turquie. Si vous pénétrez sur le territoire turc avec une carte nationale d'identité française, on vous remettra un papier tamponné à votre arrivée. Conservez-le précieusement : vous devrez le restituer lorsque vous quitterez le pays.
- Les ressortissants belges et canadiens ont, en revanche, besoin d'un visa électronique (e-visa ; www.evisa.gov.tr), délivré en ligne. Notez que le passeport doit être valide au moins 6 mois après la date d'entrée sur le territoire turc.
- On peut acquérir un e-visa aux bornes interactives installées dans les aéroports (à un tarif plus élevé qu'en ligne).
- Consultez les représentations de la Turquie dans votre pays avant le départ ou connectez-vous sur le site du **ministère turc des Affaires étrangères** (www.mfa.gov.tr).

## Handicapés

- Tout comme les transports publics, les musées gérés par le gouvernement sont gratuits pour les visiteurs handicapés.
- Le funiculaire, le métro et le tramway sont accessibles en fauteuil roulant.
- Le palais de Topkapı, les Musées archéologiques d'İstanbul, İstanbul Modern, le musée de Péra et le musée Rahmi M Koç sont accessibles en fauteuil roulant et sont dotés de toilettes adaptées. Les trois derniers établissements cités possèdent aussi quelques équipements pour les visiteurs malvoyants.

**Accessible Turkey** (www.accessibleturkey.org). Grand choix de circuits organisés et excursions à la journée pour les voyageurs en fauteuil roulant. Également des réservations d'hôtels et des services de transport.

**Turkey Accessible Travel** (www.turkeyaccessibletravel.com). Publie une liste des transferts pour l'aéroport, circuits et modes de transport accessibles en fauteuil roulant à İstanbul.

En France, L'**APF France handicap**

(www.apf-francehandicap.org ; coordonnées des bureaux sur le site Web) peut fournir des informations sur les voyages accessibles. **Yanous** (www.yanous.com), **Hizy** (hizy.org), **Handicap.fr** (www.handicap.fr) et **Tourisme et Handicaps** (www.tourisme-handicaps.org) constituent également de bonnes sources d'information.

Désormais, les principales plateformes d'hébergement que sont **Abritel** (www.abritel.fr), **Airbnb** (www.airbnb.fr), **Booking** (www.booking.com) et **Hotels.com** (fr.hotels.com) ont intégré des critères d'accessibilité à leur moteur de recherche. **Mobee Travel** (www.mobeetravel.com) est une start-up qui regroupe des hébergements accessibles et qui propose aussi des séjours sur mesure. Les agences de voyages **Yoola** (www.yoola.fr) et **Comptoir des Voyages** (www.comptoir.fr) organisent des voyages adaptés aux personnes à mobilité réduite.

## Heures d'ouverture

À İstanbul, les horaires sont très variables d'un établissement à l'autre. En voici un aperçu :

**Bars** De l'après-midi jusqu'à l'aube

**Commerces** 10h-19h lun-sam

**Discothèques** De 23h jusque tard

**Postes et banques** 8h30-17h lun-ven

**Restaurants et cafés** Petit-déj 7h30-10h30, déj 12h-14h30 et dîner 18h30-22h

## Homosexualité

- L'homosexualité n'est pas un délit en Turquie, le changement de genre est même autorisé depuis 1988, mais aucune loi ne protège la communauté LGBT contre la discrimination. Par ailleurs, les mariages entre individus de même sexe ne sont pas reconnus et des actes de malveillance voire de violence à l'égard d'individus LGBT sont ponctuellement rapportés.
- Ces dernières années, les autorités s'acharnent à bâillonner les événements LGBT. La Pride d'İstanbul est interdite depuis 2015 et les forces de l'ordre s'en prennent aux participants. L'application de rencontres LGBT Grindr est interdite depuis 2013.
- La discrétion est recommandée aux voyageurs LGBT. Les couples homosexuels ne rencontreront pas de problème pour réserver une chambre double, mais mieux vaut éviter les hôtels très bon marché, surtout en dehors des principaux centres touristiques, car ces établissements sont souvent conservateurs en matière de vie sociale. Il convient d'éviter les gestes d'affection en public (le même conseil s'applique aux couples hétérosexuels). Pour en savoir plus sur les difficultés qui pèsent sur la communauté LGBT en Turquie, consultez www.outrightinternational.org/region/turkey ou le site de LGBTI News Turkey (www.lgbtinewsturkey.com).

# Langue

La prononciation du turc est assez simple. Nos indications vous permettront de vous faire comprendre. Notez que le r est roulé et que le v est moins appuyé qu'en français. Assez léger, l'accent porte généralement sur la dernière syllabe d'un mot. Nous l'avons mis en évidence en italique.

Le **Guide de conversation Turc** de Lonely Planet permet d'acquérir des rudiments de turc. Vous y trouverez le vocabulaire pour communiquer en toutes circonstances et un minidictionnaire bilingue.

## Phrases utiles

**Bonjour** *Merhaba.* mèr·ha·ba

**Au revoir (par celui qui part)**
*Hoşçakalın.* hoch·tcha·kal

**Au revoir (par celui qui reste)**
*Güle güle.* gu·lè gu·lè

**Oui** *Evet.* è·vèt

**Non** *Hayır.* ha·yeur

**S'il vous plaît** *Lütfen.* lut·fèn

**Merci**
*Teşekkür ederim.* tè·chèk·kur è·dè·rim

**Excusez-moi (pour interpeller)**
*Bakar mısınız.* ba·kar meu·seu·neu

**Excusez-moi (après une maladresse)**
*Kusura rabakmayın.* kou sou bak ma yeun

**Comment allez-vous ?**
*Nasılsınız?* na·seul·seu·neuz

**Bien, et vous ?**
*İyiyim, ya siz?* i·yi·yime ya siz

**Parlez-vous français/anglais ?**
*Fransızca/İngilizce konuşuyor musunuz?* fran seuz dja/ine·ghi·liz·djè ko·nou·chou·yor mou·ssou·nouz

**Je ne comprends pas.**
*Anlamıyorum.* ane·la·meu·yo·roum

## Au restaurant

**La carte, s'il vous plaît.**
*Menüyü istiyorum.* mè·nu·yu is·ti·yo·roum

**Que conseillez-vous ?**
*Ne tavsiye edersiniz?* nè tav·si·yè è·dèr·si·niz

**Je ne mange pas (de viande).**
*(Et) yemiyorum.* (et) yè·mi·yo·roum

**Je voudrais (un/une/le/la)...** ...
*istiyorum.* ... is·ti·yo·roum

**une (tasse de) café**
*bir (fincan) kahve* bir (fine·djan) kah·vè

**une (chope de) bière**
*bir (fiçi) bira* bir (feuh·cheuh) bi·ra

**Bon appétit.**
*Afiyet olsun.* a·fi·yèt ol·soun

**Santé !**
*Şerefe!* shè·rè·fè

**C'était délicieux !**
*Nefisti!* nè·fis·ti

**L'addition, s'il vous plaît.**
*Hesap lütfen.* hè·sap lut·fèn

## Shopping

**Je voudrais acheter... ...**
*almak istiyorum.* al·mak is·ti·yo·roum

**Je ne fais que regarder.**
*Sadece bakıyorum.* sa·dè·djè ba·keu·yo·roum

**Combien ça coûte ?**
*Ne kadar?* nè ka·dar

**C'est trop cher.**
*Bu çok pahalı.* bou tchok pa·ha·leu

**Avez-vous quelque chose de moins cher ?**
*Daha ucuz birşey var mı?* da·ha ou·djouz bir·cheï var meu

## Urgences

**Au secours !** *İmdat!* im·dat

**Appelez un médecin !**
*Doktor çağırın!* dok·tor tcha·eu·reun

**Appelez la police !**
*Polis çağırın!* po·lis tcha·eu·reun

**Je suis perdu.**
*Kayboldum.* kaï·bol·doum

**Je suis malade.**
*Hastayım.* has·ta·yeum

**Où sont les toilettes ?**
*Tuvalet nerede?* tou·va·let nè·rè·dè

## Heure et nombres

**Quelle heure est-il ?**
*Saat kaç?* sa·at katch

**Il est (10) heures.**
*Saat (on).* sa·at (on)

**le matin** *sabah* sa ba

**l'après-midi**
*öğleden sonra* eu·lè·dèn son ra

**le soir** *akşam* ak cham

| | | |
|---|---|---|
| **maintenant** | *şimdi* | chim·di |
| **hier** | *dün* | dune |
| **aujourd'hui** | *bugün* | bou·gune |
| **demain** | *yarın* | ya·reun |
| **1** | *bir* | bir |
| **2** | *iki* | i·ki |
| **3** | *üç* | utch |
| **4** | *dört* | deurt |
| **5** | *beş* | bèch |
| **6** | *altı* | al·teu |
| **7** | *yedi* | yé·di |
| **8** | *sekiz* | sè·kiz |
| **9** | *dokuz* | do·kouz |
| **10** | *on* | one |

## Transports et orientation

**Où se trouve le (marché) ?**
*(Pazar yeri) nerede?* (pa·zar yè·ri) nè·rè·dè

**Quelle est l'adresse ?**
*Adresi nedir?* ad·rè·si nè·dir

**Pouvez-vous m'indiquer (sur le plan) ?**
*Bana (haritada) gösterebilir rmisiniz?* ba·na (ha·ri·ta·da) geus·tè·rè·bi·li mi·si niz

**S'il vous plaît, mettez le compteur.**
*Lütfen taksimetreyi çalıştırın.* lut·fèn tak·si·met·rè·yi tcha·leuch·teu·reun

**J'aimerais un billet pour ... ...**
*bir bilet letlütfen.* ... bir bi·lut·fèn

**Est-ce qu'il s'arrête à ...? ...**
*durur mu?* ... dou·rour mou

**J'aimerais descendre à... ...**
*inmek istiyorum.* ... in·mek is·ti·yo·roum

# En coulisses

## Vos réactions ?

Vos commentaires nous sont très précieux pour améliorer nos guides. Notre équipe lit vos lettres avec la plus grande attention et prend en compte vos remarques pour les prochaines mises à jour. Pour nous faire part de vos réactions, prendre connaissance de notre catalogue et vous abonner à notre newsletter, consultez notre site Internet : **www.lonelyplanet.fr**

Nous reprenons parfois des extraits de notre courrier pour les publier dans nos guides ou sites Web. Si vous ne souhaitez pas que vos commentaires soient repris ou que votre nom apparaisse, merci de nous le préciser. Notre politique en matière de confidentialité est disponible sur notre site Internet.

## Un mot de l'auteur

Un grand merci à Pat Yale, Mehmet Umur, Emel Güntaş, Özlem Tuna, Atilla Tuna, Faruk Boyacı, Tahir Karabaş, Jen Hartin, Eveline Zoutendijk, Monica Fritz, Jennifer Gaudet, Ken Dakan, Max Handsaker ainsi qu'à toutes les autres personnes qui m'ont fait partager leur connaissance et leur amour d'İstanbul. Merci également à Peter Handsaker qui a gardé la maison.

## Crédit photographique

Restaurants et cafés branchés sous le pont de Galata enjambant le détroit de la Corne d'Or, en arrière-plan la Yeni Cami


## À propos de cet ouvrage

Cette 7e édition d'*İstanbul en quelques jours* est la traduction-adaptation française de la 7e édition d'*İstanbul Pocket*, rédigée par Virginia Maxwell, qui avait également écrit les précédentes éditions.

**Traduction** Jeanne Robert

**Direction éditoriale** Didier Férat

**Adaptation française** Marie Barriet-Savev

**Responsable prépresse** Jean-Noël Doan

**Maquette** Sébastienne Ocampo

**Cartographie** Cartes adaptées par Caroline Sahanouk

**Couverture** Adaptée par Laurent Briard

**Remerciements à** Noémie Lemaire pour sa préparation du manuscrit, ainsi qu'à Dolorès Mora pour sa relecture très attentive. Un grand merci à Dominique Spaety pour son aide. Enfin, merci à Luan Angel et Nigel Longuet Revill à Londres, et à Jean-Pierre Masclef à Melbourne.

# Index

Voir aussi les index des rubriques :


**Se restaurer p. 191**

**Prendre un verre p. 192**

**Sortie p. 193**

**Shopping p. 193**




Référence des **sites**
Référence des **cartes**

Référence des **sites**
Référence des **cartes**

# Se restaurer

## Prendre un verre

## Sortir



## Shopping

Notes

# L'auteur

## Virginia Maxwell

Virginia vit en Australie mais elle passe une partie de l'année en Turquie. Elle a rédigé les six précédentes éditions de ce guide, ainsi que divers chapitres du guide *Turquie*. Elle écrit aussi sur la Turquie pour le site Web de Lonely Planet et pour divers sites Web, magazines et journaux internationaux.

**İstanbul en quelques jours**
7e édition
Traduit et adapté de l'ouvrage *Pocket Istanbul, 7th edition, July 2020*


92 avenue de France - 75013 Paris



Dépôt légal Février 2021
ISBN 978-2-81618-626-0

Imprimé par ESTIMPRIM, Autechaux, France
Réimpression 04, novembre 2023

En Voyage Éditions | un département édi8